Georg Schwedt

Reisen in die Vergangenheit von

Hessisch Oldendorf

Was MERIAN-Kupferstiche

über *Oldendorf an der Weser* berichten

2. Auflage 2019
(Erstauflage HisChymia Verlag Seesen 2000)

Herstellung und Verlag:
BoD – Books on Demand, Norderstedt
ISBN: 978-3-7494-8328-0

Vorwort

Die topographischen Ansichten der Kupferstecher-Familie MERIAN aus der ersten Hälfte des 17. Jahrhunderts sind durch Werbeprospekte, Ortschroniken, gedruckte Briefkarten und als Reproduktionen auch heute noch weit verbreitet. Sie vermitteln dem historisch Interessierten wertvolle bildhafte Dokumente zur Geschichte von Städten und Regionen.

Der Autor dieses Buches ist in *Oldendorf an der Weser* geboren und aufgewachsen. Schon während meiner Volksschul- und Gymnasialzeit in Oldendorf bzw. Rinteln habe ich mich, angeregt durch meinen Lehrer Bruno *Wanke* und die Ortschronik von Friedrich *Kölling,* mit der Geschichte der Stadt und der Region beschäftigt. Obwohl mich mein Beruf nicht in die Geschichtswissenschaft führte, so habe ich als Buchautor doch auch einige historische Werke verfasst, die mich wieder zu Merians Kupferstichen zurückführten.

Und so entstand auch dieses Buch als eine *Reise in die Vergangenheit von Hessisch Oldendorf*, als eine Spurensuche von den Wällen der mittelalterlichen Stadtbefestigung ausgehend und begehbar, wo ich in der Mittelstraße aufwuchs, bis zu erhaltenen Gebäuden wie der Kirche St. Marien, in der ich getauft und konfirmiert wurde, und dem Münchhausen-Herrenhaus, das mich als Bau der Weserrenaissance immer besonders interessierte. Dabei fand ich auch eine mir bisher nicht bekannte Spur meiner Familie, deren erforschte Chronik nur bis zu den Vorfahren in Schwerin reicht: 1801 kam mein direkter Vorfahr Jakob Wilhelm David Schwedt (geb. 1778) als Schuhmacher nach Oldendorf; aber schon 1563 wird als letzter Vikar der Familienstiftung von Büschen ein Gerdt Schwedt in Oldendorf genannt.

Mit Hilfe der bisher veröffentlichten Literatur – von Friedrich Köllings Arbeiten bis zu Einzelveröffentlichungen in den Berichten des *Heimatbundes Hessisch Oldendorf* – habe ich in zehn Kapiteln ausgewählte Themen aus der Geschichte der Stadt anhand von zwei Merian-Kupferstichen, dem Stadtbild von 1647 und der Darstellung der Schlacht bei Oldendorf von 1633, *als Anregung für eine Spurensuche am Ort und zu einer Reise in die Vergangenheit* vorgestellt.

Prof. Dr. Georg Schwedt — Seesen am Harz im Mai 2000

Melle
Ravensberg
Ravensberg.
Limburg
Bünde
Engheren
Lübbecke
Herwerden
Renneberg
Saltzuflen
Stift Minden.
Lemgow
Him melreich
Minden
Pettershagn
Horn
Lem gow
Bargen
Barndorff
Stolten naw
Sassenhagen
Statthagen
Rentelen
Pirmont
Schauenberg Com
Schauenberg
Pyr mont
Olden dorff
com
Bodenwerde
Hameln
Münrade
Spiegelberg.
Hannover
Reekling
T V S
B R A V N S W I C K
Pattershausen
Warmbuchn
Gronaw
Alfelde
Dümmer Zee
Steigor
Wucke
Bleiberg
Leuwedden
Owe fl.

Inhalt

1. Über die Entstehung der Merian-Kupferstiche zu Oldendorf 7

2. Die Schaumburg auf dem Nesselberg 17

3. Zur Gründungsgeschichte und Entwicklung der Stadt bis zum Dreißigjährigen Krieg 24

4. Die Brücken über die beiden Weserarme 31

5. Die Befestigungen der Stadt 38

6. Die Stadtkirche St. Marien und die Totenkirche zum Heiligen Kreuz 44

7. Das Augustinerinnen-Kloster Mariastede 53

8. Die Burgmannshöfe an der Südstraße 58

9. Das Münchhausen-Herrenhaus 62

10. Das Bild der Stadt zur Zeit der Schlacht 1633 69

11. Das Gymnasium und die Anfänge der Stadtschule 79

Literaturverzeichnis 83

MATTHÆVS MERIAN,
der ælter Kupfferstecher und Kunsthandler
zu Franckfurt am Mayn

1. Über die Entstehung der Merian-Kupferstiche zu Oldendorf

Die Künstlerfamilie Merian

Der Stammvater der Künstlerfamilie Merian, von denen bis in unsere Zeit vor allem Matthäus – Vater und Sohn – sowie Maria Sybilla bekannt sind, war Matthäus der Ältere. Er wurde am 22. September 1593 als Sohn eines wohlhabenden Ratsherrn in Basel geboren. Aufgrund seiner künstlerischen Neigungen und Begabung absolvierte er von 1609 bis 1613 eine Lehre bei dem damals bekannten Züricher Radierer Dietrich Meyer.

Matthäus Merian erwarb sich bereits in jungen Jahren den Ruf eines selbständig arbeitenden Künstlers. Aus Nancy erhielt er 1613 den Auftrag, den Leichenzug des Herzogs Heinrich II. von Lothringen in Kupfer zu stechen. Dort lernte er den französischen Kupferstecher Jacques *Callot* (1592-1635) kennen, der vor allem durch seine Radierungen „Misères de la guerre“ (1633/35 in zwei Folgen) berühmt wurde, welche die Greuel der Hugenottenkriege (von 1562 bis 1589) darstellen. Matthäus Merian wandte sich dann nach Paris, wo er einige Zeit mit offensichtlich großem künstlerischem und wirtschaftlichem Erfolg tätig war. Weitere Studienreisen führten ihn über Augsburg, Stuttgart und die Niederlande nach Frankfurt am Main. Ende 1616 lernte er dort den Verleger, Buchhändler und Kupferstecher Johann Theodor *de Bry* (1561-1623) aus Oppenheim kennen, der Merian für sein Unternehmen gewann. Merians Pläne, auch Italien zu besuchen, verhinderte die schöne Tochter de Brys, Maria Magdalena, die Merian am 17. Februar 1617 in Oppenheim heiratete. Mit ihr kehrte er 1620 zunächst nach Basel zurück. In dieser Zeit entstanden Ansichten von Heidelberg, Stuttgart und vom Badeort Schwalbach, die er als Radierungen herausgab, ebenso historische Folgen über die Taten Alexander des Großen, des Römers Scipio Africanus und Kaiser Karls des V. (1500-1558). Der Tod seines Schwiegervaters de Bry führte ihn 1625 nach Frankfurt zurück, wo er den Filialbetrieb seiner Schwiegermutter übernahm.

THEATRI EVROPÆI
oder
Historischer Chroniken
Beschreibung
Dritter Theil.
Mattheum Merian
in
Franckfurt

1625 bis 1627 entstand hier die reich illustrierte „Biblia sacra“ – heute *Merian-Bilderbibel* genannt. Die auf den vielen Reisen, zu Besuch von Jahrmärkten z. B. in Dresden, nach Basel und Prag, angefertigten Zeichnungen setzte er in Radierungen und Kupferstiche um: So entstanden seine Ansichten von Städten und Burgen. Mitten im Dreißigjährigen Krieg gab Merian ab 1635 das „Theatrum Europaeum“ heraus, ein Bilddokument der aktuellen Zeitgeschichte. Ab 1642 erschien die bis heute bekannte und berühmte „Topographia“ in Zusammenarbeit mit Martin *Zeiller* aus Ulm, der die Texte dazu schrieb. Die Topographia enthält mehr als 2000 Kupferstiche von Stadtansichten und –plänen, ein einzigartiges Dokument zur Erforschung der Architektur, aber auch der Geschichte von Städten und ganzen Regionen. Seine letzten Jahre verbrachte Merian in Bad Schwalbach im Taunus, wo er am 19. Juni 1650 gestorben ist. Sein Grab befindet sich in Frankfurt.

Seine Söhne *Matthäus der Jüngere* (geboren in Basel 1621, gestorben 1687) und *Caspar* (geboren 1627, Jahr des Todes unbekannt) setzten sein Werk fort. Schließlich ist aus der Familie Merian noch die Tochter *Maria Sybilla* zu nennen, die aus Matthäus Merians des Älteren zweiter Ehe mit Johanna Sibylla Heiny (nach dem Tod seiner ersten Frau Maria Magdalena 1645) stammt. Sie ist bis heute als deutsche Malerin und Naturforscherin bekannt. Am 2. April 1647 wurde sie in Frankfurt geboren. Sie starb am 13. Januar 1717 in Amsterdam. 1699 bis 1701 arbeitete sie im Auftrag der holländischen Regierung im südamerikanischen Surinam. Sie verfasste Bücher mit kolorierten Stichen über die Insekten Surinams, zur Botanik und über „Der Raupen wunderbare Verwandlung und sonderbahre Blumen-Nahrung“ (zwei Bände: 1679 und 1683).

TOPOGRAPHIA
WESTPHALIÆ.
Beschreibung der
Vornembsten, und be-
kantisten Stätte, und
Plätz, im Hochlöbl:
Westphälischen Craiße.

Die Merian-Kupferstiche zu Oldendorf

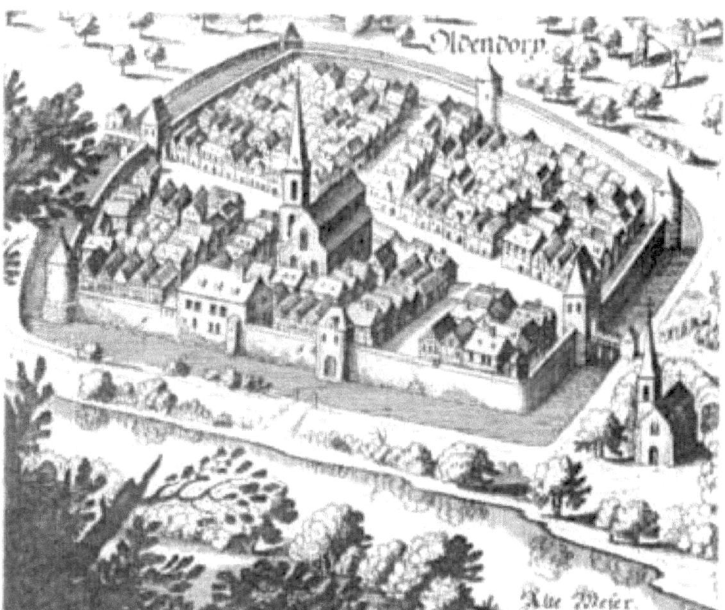

Als Verleger gab Merian von 1629 bis 1634 eine Weltgeschichte von Johann Ludwig Gottfried mit zahlreichen Kupfern heraus. Als Fortsetzung dieses erfolgreichen, zunächst in Heften erschienenen Werkes (fünf Foliobände bis 1743) versuchte sich Merian an einem weiteren großen Unternehmen in der zeitgenössischen Geschichte – einer chronologischen Darstellung der aktuellen deutschen und europäischen Geschichte von 1629 bis zunächst 1633, zu der Johann Philipp *Abelin* (1600-1634), ein Historiker aus Straßburg, der seit 1625 in Frankfurt lebte, die Texte schrieb. Die zeitliche Lücke zwischen Gottfrieds Weltchronik und dem Beginn des neuen Werkes (1618 bis 1629) schloss Merian 1635 und nannte das bis zu seinem Tod in fünf Bänden vorliegende Werk *Theatrum Europaeum* – der 21. und letzte Band erschien 1738.

Dazu schrieb der Merian-Kenner Lucas Heinrich *Wüthrich* (1993): „Der historische Quellenwert des *Theatrums* ist umstritten. Es gibt aber keine gleich ausführliche, zusammenhängend vorgetragene zeitgenössische Geschichte über das 17. Jahrhundert aus deutsch-protestantischer Sicht. Die zehn verschiedenen Autoren leisteten unterschiedliche Arbeit. Die beiden ersten Bände von Abelin, die den Zeitraum vom Beginn des Dreißigjährigen Kriegs bis zum Eingreifen Schwedens abdecken, werden nicht nur wegen Merians Bildtafeln, sondern auch wegen des Textes geschätzt. [...] Insgesamt 40 signierende Stecher beteiligten sich an der Herstellung der Kupferplatten. 30 Ingenieure und Zeichner gaben sich als Lieferanten von Bildvorlagen zu erkennen, eine wohl viel größere Zahl von ihnen blieb anonym.
Das verlegerische Mammutunternehmen des *Theatrum* wurde von Merians eigentlichem Hauptwerk, der *Topographia*, sowohl in bezug auf die Anzahl der Bände als auch der Kupfertafeln in den Schatten gestellt. [...] Die gemeinhin unter dem Titel *Topographia Germaniae* laufenden Folianten über das Deutsche Reich wurden zum eigentlichen Städteinventar Deutschlands und erwiesen sich schon zu Merians Lebzeiten als durchschlagender buchhändlerischer Erfolg. Bis in unsere Gegenwart denkt man bei alten Städtebildern, die den Zustand vor den Zerstörungen des Dreißigjährigen Kriegs dokumentieren, zuerst an Merians Kupferbilder.“

In beiden Werken Merians ist auch die Stadt Oldendorf vertreten. Der 3. Band des *Theatrums Europaeum* (erschienen 1644) enthält „zwey Kupffer" zur „Schlacht bey Oldendorp" – der Seite 85 des Folianten folgend, wie die „Anleytung vor den Buchbinder/wohin die beygelegte Kupfferstück gebunden werden sollen." ausweist. Hier wird *Oldendorp* aus der Vogelperspektive dargestellt.

1647 erschien als 10. Band der *Topographia Germaniae* die „Topographia Westphaliae" – und in ihr befindet sich der zweite Kupferstich von *Oldendorff.* Als Reprint wurde dieser Band in der 4. Auflage noch 1984 wieder aufgelegt. In der einleitenden „Beschreibung der vornehmbsten und bekandtesten Stätte und Plätze in dem hochlöblichen Westphälischen Craisse" werden unter den Territorien der Bischöfe, der Grafen und Herren sowie der Städte auch die *Graffen und Herren von Schawenburg* aufgeführt. Die Kupfertafeln dieses Bandes stammen mehrheitlich von Caspar Merian.
Vergleicht man die beiden perspektivisch unterschiedlichen Darstellungen, so fallen einige Unterschiede im Detail auf.

Die Brücke über den nördlichen Weserarm – hier bereits als *Alte Weser* bezeichnet – fehlt im *Theatrum Europaeum* (s. Kap. 3). Auch weist das Kirchenschiff von St. Marien die falsche Ausrichtung auf (Nord-Süd anstatt Ost-West). Die Darstellungen des Wehr-(Kirch)turms dagegen stimmen auf beiden Merianstichen gut überein. Das Herrenhaus der Familie von Münchhausen entspricht im *Theatrum Europaeum* nicht dem tatsächlichen Renaissancebau. Offensichtlich richtig wiedergegeben ist aus der Vogelschau aber der Verlauf der Langen Straße, des alten Heer- oder Hellwegs (s. Kap. 2 und 4) und der Grundriss (Kap. 4).

Zur „Bilddarstellung der Schlacht" hat F. *Kölling* folgendes festgestellt: „Als Grundlage des Stiches diente eine Handzeichnung, die sich im Königl. Kriegsarchiv in Stockholm (Sveriges krig Oldendorf 1633, Slaget nr 1) befindet. Diese Zeichnung wurde von einem Teilnehmer der Schlacht, dem schwedischen Ingenieuroffizier David Portin, entworfen. Die Geländedarstellung und die Schlachtordnungen stimmen auf beiden Zeichnungen genau überein. [...] David Portin kannte als Teilnehmer das Gelände und hatte Einsichten in die Akten des Generals von Merode genommen. Seine Handzeichnung ist daher als erstrangige Quelle anzusehen..."

Über die Entstehung des Stiches von Oldendorf in der *Topographia* lassen sich keine genauen Angaben machen, im Unterschied zur Topographie der Herzogtums Braunschweig (s. dazu die Bücher des Autors über Seesen und über den Harz im Literaturverzeichnis). Auch der Text dazu ist sehr kurz. Er lautet im Original:

Oldendorff/Oldendorp/
Vom Cyriaco Spangenberg/ in der Schawenburgischen Chronic/ unnd auff Sächsisch; von Theils auch Aldendorff genannt/ ligt an der Weser/ zwischen Hameln/ unnd Rentelen/ in der Graffschafft Schawenburg/ allda ein Zoll ist: Und welches Stättlein/ Anno 1633. Im Junio/ wider die Keyserische/ beschützet worden; daselben auch darauff/ den 28. Junij/ das gewaltige Treffen fürgangen/ in welchem die Schwedischen das Feld erhalten haben. Aber Anno 1639. Im Octobri/ ist solches Stättlein Oldendorff/ von den Keyserischen außgeplündert worden.

Der Autor dieses Textes, der Ulmer Historiker Martin *Zeiller* (1589-1661) hat als Quelle ein Werk des lutherischen Theologen Cyriacus *Spangenberg*, geb. am 7. Juni 1528 in Nordhausen, gest. am 10. Februar 1604 in Straßburg, benutzt, so weit es Namen und Lage der Stadt betreffen. Die genannte Chronik ist mit weiteren 254 Werken Spangenbergs in der bedeutenden und berühmten *Herzog August Bibliothek* in Wolfenbüttel vorhanden. Spangenberg studierte ab 1542 u. a. bei Luther und Melanchthon Theologie in Wittenberg, erwarb dort 1550 den Titel eines Magisters und wurde dann Prediger in Eisleben. 1559 erhielt er das Generaldekanat der Grafschaft Mansfeld, über die er auch eine Chronik schrieb (Mansfeldische Chronik, Eisleben 1572) und welche er zu einer sächsischen Chronik erweiterte (Frankfurt 1583).

Das von Spangenberg handschriftlich hinterlassene Werk *Chronicon, in welchem der hochgebornen uhralten Graffen zu Holstein, Schaumburgk, Sternberg und Gehmen ankunfft, wie sie Graffschafften bekommen, wie lange sie die, auch das Hertzogthumb Schleszwich innegehabt ... auch nahmen herkommen, genealogia ... aller Graffen leben, Friedes und Kriegshandlung Thaten denkwirige geschichte derselben Stifte Schlösser Stedte Flecken und Bergwerck aus bewerten und glaubwürdigen Scribenten Briefflichen Urkunde und von aletsr hero Zusammen gezogenen bericht gründt(lich) und deutlich beschrieben Durch M. CYRIACUM Spangenberg.* wurde 1614 in Stadthagen gedruckt. [Originale außer in der Herzog August Bibliothek Wolfenbüttel auch in den Universitätsbibliotheken von Hannover und Göttingen]

1574 musste Spangenberg wegen dogmatischer Glaubensstreitigkeiten sein Amt aufgeben. Nach Aufenthalten in Sangershausen und Straßburg übernahm er 1581 die Pfarrstelle im oberhessischen Schlitz und kehrte nach seiner erneuten Entlassung 1590 nach Straßburg zurück. In die Literaturgeschichte ist er als Verfasser biblischer Dramen, als Kirchenlieddichter und Autor historischer Werke eingegangen.

In seiner Chronik schildert Spangenberg im 36. Kapitel auch eine Episode zwischen der Stadt Oldendorf und dem Grafen Jobst (Just bei Spangenberg) I. (1527-1531/2), dem Sohn Johann II. (1498-1527) zu Bückeburg und dessen Gemahlin C(K)ordula von der Herrschaft Gemen (bei Borken in Westfalen, s. auch Kap. 2).
Zunächst berichtet Spangenberg darüber, dass der Graf im Herbst 1527 nach seines Vaters Tod *im Dorff Welßede unter dem Hause Schawenberg gelegen* zum ersten Mal sein Lehnsrecht eingefordert habe. Die *Landtschafft* sei gekommen und haben *nach altem gebrauch ihre güter in Lehen genohmen.* Er ließ alle Güter der Ritterschaft, der Klöster, anderer Geistlicher und aller sonstigen Untertanen aufzeichnen und begehrte eine Steuer von 100 000 Talern, um die Schulden, die ihm sein Vater und dessen Bruder Graf Anton I. zu Rodenberg (1498-1526) hinterlassen hatten, tilgen zu können. Wenn diese einmalige Summe abgetragen sei, dann wolle er jedoch die alten Gewohnheiten, Freiheiten und *Gerechtigkeiten* bestehen lassen und mit keinen neuen Auflagen *beschweren.*

Er wird als freundlicher und sittsamer Herr geschildert, der mit *Jederman wol außkohmen kondte / friedtsam und friedtfertig mit allen Nachbarn / sanfftmüthig und gütig gegen die Underthanen* – allein mit der *Stadt Oldendorp kondte er nicht o(ü)ber ein kommen.* Ein Mann mit Namen *Heinrich Beer* sei daran schuld gewesen, der Anführer *aller Meuterey und Wiedersetzung*. Daher habe der Graf Jobst 1528 eines morgens in der Frühe die Stadt mit seiner Reiterei und Fußvolk überfallen, Mauern und Gräben mit Gewalt eingenommen und ihr den Stadtschlüssel sowie *Brieve unnd Siegel* genommen – und *die zu Oldendorff (mussten) ein grosses geben und thun / ehe sie solches alles wieder bekohmen*. Vielleicht ist bei dieser „Strafaktion" auch die Gründungsurkunde der Stadt verloren gegangen. – 1532 starb der Graf in Bückeburg plötzlich an der *Brustseuche*, am 5. Juni im 49. Lebensjahr und wurde in das Kloster Möllenbeck überführt und *daselbst zur Erden* bestattet.

Über die Zeit der Spangenbergschen Chronik hinaus hat M. Zeiller in der Geschichte der Stadt auch die Ereignisse im Dreißigjährigen Krieg bis einschließlich 1640 erwähnt (s. Kap. 11).

2. Die Schaumburg auf dem Nesselberg

Die Vorgeschichte der Schaumburg auf dem Nesselberg (Nettelberg) über dem Wesertal in Sichtweite der Stadt Oldendorf beginnt mit einem Jagdhaus, das *Adolf von San(t)dersleben und Rodenberg* zur Zeit der salischen Kaiser *Konrad II.* (1024-1039) bzw. *Heinrich III.* (1039-1056) erbaut haben soll. Die daraus entstandene Burg hieß zunächst Scoenborg, im 13. Jahrhundert Scowenborg. Der Name ist westgermanischen Ursprungs: neufriesisch *scoe*, mittelniederdeutsch *schowen*, mittelhochdeutsch *schouwen* = schauen, in der Bedeutung von sehen, erblicken (nach dem *Deutschen Wörterbuch* der Brüder Grimm).

Urkundlich ist erstmals 1119 *Adolfus Comes de Scoenborg* nachweisbar, der als Zeuge unterschrieb, als Abt *Luitbert von Werden* (an der Ruhr) sein Jahresgedächtnis (eine Schenkung von Land, damit später seines Todestages gedacht werde) dem St. Ludgeri-Kloster zu Helmstedt stiftete.

Zu Beginn des 20. Jahrhunderts (nach 1906) wurde auf der Schaumburg eine Steintafel ausgegraben, aus deren stark verwittertem und abgekürztem Text in lateinischer Sprache als Gründungsjahr 1030 angegeben sein soll. Da das Original nicht mehr auffindbar ist, gilt diese Angabe jedoch als historisch nicht gesichert. Auf Vermutungen stützen sich auch die Aussagen über die Herkunft des Grafengeschlechtes der Schaumburger. Sie sollen aus Ostfalen stammen und durch Erbschaft Besitz an der Weser in der Umgebung des Nesselberges erlangt haben.

1110 wurde *Adolfo de Scoenborg* vom Grafen *Lothar von Süpplingenburg*, zugleich Herzog von Sachsen und ab 1125 deutscher König, das Grafenamt in Holstein übertragen. Er führte den Namen *Adolf I.*; er starb 1130 und wurde im damaligen Mindener Benediktiner-Kloster beigesetzt.

Adolf II. (1130-1164) setzte das Werk seines Vaters in Holstein fort. Er gründete 1143 die Stadt Lübeck. 1164 fiel er im Kampf gegen die Slawen bei Verchem im Kreis Demmin. *Adolf III.* (1164-1225) gründete 1188 die Neustadt von Hamburg nach Lübecker Recht. Er und *Konrad von Roden* standen beim Kampf des Kaisers *Friedrich I. Barbarossa* (um 1120 bis 1190, Kaiser des Heiligen Römischen Reiches ab 1152) gegen den sächsischen Herzog *Heinrich den Löwen* auf der Seite des Herzogs. Herzog Heinrich (um 1129 bis 1195) von Sachsen (1142-1190) und Bayern (1156-1180) hatte 1176 dem Kaiser seine Hilfe auf dessen 5. Italienzug verweigert und verfiel 1179 der Reichsacht. 1181 ging er in die Verbannung nach England, 1194 kehrte er auf seine Eigengüter um Braunschweig zurück. Ein Teil des Besitzes des Welfenherzogs an der Weser war an den Erzbischof von Köln gefallen. Heinrich der Löwe widersetzte sich der Reichsacht und besiegte zusammen mit den verbündeten Grafen in der Schlacht auf dem Harlefeld bei Osnabrück 1181 den Erzbischof. Adolf III. machte 72 Gefangene und brachte sie auf seine Burgen in Holstein, womit er sie dem Herzog entzog, der für sie vom Erzbischof Lösegeld fordern wollte. Daraufhin vertrieb Herzog Heinrich den Schaumburger aus seiner Wesergrafschaft.

Graf Konrad von Roden dagegen hielt dem Welfenherzog die Treue und wurde so zum Feind Adolf III., der dessen 1170 neu erbaute Burg Hohenrode auf der anderen Seite der Weser gegenüber der Schaumburg 1181 zerstörte, ebenso wie die Stammburg auf dem Amelungsberg.

So festigte Graf Adolf III. seine Macht an der Weser und begründete die Grafschaft Schaumburg. 1203 musste er nach einem verlorenen Krieg gegen die Dänen auf seine Besitzungen in Holstein verzichten und verbrachte so die meiste Zeit auf der Schaumburg.

Adolf IV. (gest. 1261) gelangte nach einem Sieg über den Dänenkönig Waldemar III. bei Bornhöved 1227 wieder in den Besitz Holsteins, gründete dort u.a. die Städte Itzehoe (1238) und Kiel (1242) und in seiner Stammgrafschaft Stadthagen (1222), Rinteln (1239) und Oldendorf (wahrscheinlich zwischen 1237 und 1247). Ein großer Teil des Waldbestandes musste in dieser intensiven Siedlungsperiode weichen. En entstanden mehr als zwanzig Ortschaften mit der Endung – hagen im Namen. Die Städte übernahmen Wehraufgaben, wofür Ritter und auch Knappen von der Schaumburg Stadtburgen innerhalb der Wälle, Gräben und Tore der neu gegründeten Städte bezogen.

In den ersten Jahrhunderten ihres Bestehens hielten die Grafen auf der Burg ihr Hoflager. In den Zeiten ihrer Abwesenheit sicherten Ritter, Burgmannen genannt, aus sächsischem Uradel mit ihren Gefolgsleuten die Burg. Ihren Namen erhielten sie nach dem Ort ihrer Herkunft. So werden z. B. in einer Urkunde von 1242 als Zeugen die Ritter *Werner von Rehren*, *Nikolaus von Wieden*, *Heinrich von Welsede* und *Walter von Oldendorf* genannt. Von diesen Rittern wurden später einige in Oldendorf auf Stadtburgen (s. Kap. 8) sesshaft. Die besondere Beziehung der Schaumburg zur Stadt Oldendorf wird u. a. durch die Bezeichnung „Oldendorf unter Schaumburg" (bis 1513) und durch die Tatsache deutlich, dass die Stadt das gräfliche Wappen, das Nesselblatt, ohne die erst 1598 eingefügten Sterne mit Balken, führen durfte. Die Versorgung mit Handelswaren erfolgte durch die Oldendorfer Kaufleute, wie eine Amtsrechnung von 1549 belegt.

Die Burg wurde mehrere Male verpfändet, so z.B. durch Graf *Otto III.* von Schaumburg (1427-1464) im Jahre 1448 an *Flörcke von Zersen* und dessen Söhne für 900 rheinische Gulden. Graf *Anton I. zu Rodenberg* (1498-1526) war der letzte Graf, der auf dem Stammsitz der Schaumburger residierte. Seine Frau Anna von Schaumburg erhielt die Burg als Witwensitz. Sie starb 1533. Zur Zeit des Erscheinens des Merianstiches 1647 war mit dem Tod *Otto V.* (1635-1640) das Grafengeschlecht und die Herrschaft der Schaumburger bereits erloschen. Nach dem Tod *Anton I.* hatte *Johann II.* (1498-1527) zu Bückeburg die Regentschaft erhalten, der mit Kordula von Gemen (aus der Herrschaft Gemen – bei Borken in Westfalen) verheiratet war. Der bedeutendste Schaumburger kurz vor dem Aussterben dieses Geschlechtes war *Graf Ernst* (1601-1622). Er erwarb 1619 den persönlichen Fürstentitel und gründete 1621 die Universität Rinteln. Schloss und Stadtkirche in Bückeburg sowie das Mausoleum in Stadthagen sind seiner regen Bautätigkeit zu verdanken. Fürst Ernst von Schaumburg war ein Sohn Graf *Otto V.* (1544-1576) und Nachfolger seines Bruders *Adolf XII.* (1582-1601). Seine Schwester Elisabeth (d. Ä. v. Schaumburg) heiratete Simon VI. von der Lippe (1563-1613). Aus dieser Ehe stammt *Philipp I.* (1643-1681), der Begründer des Hauses Schaumburg-Lippe und Neffe des Fürsten Ernst zu Schaumburg sowie zugleich ein Onkel des letzten Schaumburger Grafen Otto V., der aus der Ehe von Georg Hermann v. Schaumburg-Gemen († 1616) und Elisabeth d. J. v. d. Lippe abstammte.

1647 ging das Amt Schaumburg mit Rodenberg und der Hälfte des Amtes Sachsenhagen auf Hessen über. Da Orte mit gleicher Bedeutung des Namens wie Oldendorf jedoch dort z. B. Allendorf geschrieben wurden, blieb der Name Oldendorf . Erst am Ende des 19. Jahrhunderts erfolgte der Zusatz „Hessisch“.

Aus der Umgebung der Burg sind noch der *Krug* vor dem Burgtor und die Domäne *Coverden* ewähnenswert. Als „taverne to schomborch“ wird der Krug bereits 1444 in einer Rintelner Stadrechnung benannt. 1549 wird in der ältesten noch erhaltenen Amtsrechnung des Amtes Schaumburg „die Krögersche vor Schaumburg“ als Steuerpflichtige aufgeführt. Der Krug war zugleich Gästehaus für die gräflichen Beamten sowie Diener und Gasthaus der Bewohner des Amtes. Während des Dreißigjährigen Krieges wurde der Krug häufig Logier von Offizieren.

Die Domäne *Coverden* wird allgemein als Wirtschaftshof der Schaumburg angesehen. Er könnte nach Heinz *Ritter* (Schaumburgische Heimatblätter 1951, S. 42-43) aber auch schon vor den Entstehung der Schaumburg vorhanden gewesen sein. Besonderheiten an einigen Gebäuden, vor allem an der ehemaligen Brennerei, einem Vorhaus des Gutes, veranlassten ihn, „Coverden als eine sehr alte, vielleicht auch bedeutsame Siedlung“ anzusehen, „weit älter als die Schaumburg“. Er zitiert auch einen Satz aus dem 1951 neu erschienenen Schaumburger Heimatbuch „Mein Heimatland“, das damals in den Volksschulen verwendet wurde: „Adolf (der Ahnherr der Grafen von Schaumburg) und seine Nachfolger ... schufen sich an der Weser, ausgehend von ihrem Erbgut im Bezirk der Schaumburg, einen geschlossenen Machtbereich...“ Nach *Kipp* (1995) war Coverden Wirtschaftshof der Grafen zu Schaumburg. Um 1130 werden im Zusammenhang mit der Burg auch Güter bei der Schaumburg genannt. Im Lehensregister der Schaumburger Grafen wird 1374 ein „Alter Hof“ erwähnt – mit einer Größe von 6 Hufen = 180 Morgen. Im Kirchenbuch von Deckbergen wird 1586 der „Hof zu Coverden“ (Coverden als plattdeutsche Bezeichnung für „Kuhfährte“, *verde* = Fährte) beurkundet.

Der älteste Plan der Burganlage stammt aus dem Jahr 1736 (Original im Staatsarchiv in Marburg). Zu dieser Zeit umfasste die Fläche der Domäne Coverden 12000 Morgen. Den Burgplan hatte der hessische Landvermesser Johann Michael *Werner* in die Flurkarte der Domäne Coverden aufgenommen. Die gesamte Burganlage ist auf zwei Plätze mit unterschiedlicher Höhenlage verteilt. Der obere und zugleich ältere Teil war von allen Seiten durch Türme und Gebäude geschützt. Die Bauten auf dem unteren Platz, in der Funktion einer Vorburg, werden Graf *Otto I.* zugeschrieben. Aus Akten des Jahres 1639 geht hervor, dass sich am Toreingang eine Zugbrücke befand. Um die äußere Mauer waren „wüste“ (leere) Gräben angelegt, von denen der Graben an der Nordseite des unteren Platzes (am Eingang) den Sattel zwischen Nessel- und Paschenberg durchschnitt. Unter hessischer Verwaltung wurde die Zugbrücke entfernt und der Graben am Tor zugeschüttet. Der Krug steht noch heute an derselben Stelle wie zur Zeit Merians; zwei „Borne“ (Brunnen) am Krug spendeten Wasser auch für die Burginsassen. Vom Burgtor führten ehemals drei Wege zum oberen Burghof, von denen heute der mittlere benutzt wird. Er führte bis 1637 durch den „Dicken Turm“ (heute Georgsturm genannt), danach legte man ihn am Turm vorbei.

Auf dem Weg vom Tor zum oberen Burgplatz passiert der Besucher die historischen Gebäude mit zur Zeit des Merianstiches folgender Bedeutung: Links neben dem viereckigen Torturm war das Amtsstubenhaus, daran anschließende Gebäude wurden als Wasch- und Brauhaus sowie als Wagenhaus und Stallung benutzt. Am Ende dieser Gebäude, direkt am Schlossgarten, befand sich ein Backhaus. Im Gebäude links vom heute neu behelmten Torturm war die Wohnung des Drosten, später wurde es als Archiv genutzt. Das Amtsstubenhaus wurde in den siebziger Jahren des 19. Jahrhunderts wegen Baufälligkeit abgerissen und neu errichtet, wobei man Fachwerk und Fenster eines Hildesheimer Bürgerhauses verwendete. Das Treppenhaus führt auf den überdachten Wehrgang auf der Burghofmauer in ihrer ursprünglichen Höhe.

Auf dem unteren Burghof fanden die Turniere der Ritter statt. Folgt man dem steil ansteigenden Weg zum Dicken Turm (Georgsturm) und wendet sich davor an der Mauer zur südlichen Spitze des unteren Platzes, so erreicht man die Fundamente des zerfallenen Turms, Wittschrieber, 1638 Witschiven und 1674/76 Wittschieben genannt. Den Dicken Turm ließ wahrscheinlich Graf *Otto I.* am Ende des 14. Jahrhunderts als Torturm erbauen. Am Ende des Dreißigjährigen Krieges beherrschte er das Bild der Burg. Später stürzte er zusammen, wurde aber bis zu einer Höhe von 30 Metern wieder aufgebaut und mit einem Dach versehen. Auf dem Plan von 1736 wurde er als „oben abgebrochener Turm“ bezeichnet. Vor dem Torbogen über der mit Steinen gepflasterten Burgstraße erblickt man an der Westfront ein wiederhergestelltes Wappen mit zwei Inschriftenplatten. Darauf ist als Baubeginn der Schaumburg das Jahr 1030 verzeichnet. An den Dicken Turm schlossen sich auf dem oberen Platz Stallungen an (heute ein langgestrecktes Fachwerkhaus).

Das Hauptgebäude, in einer Burg auch Palas genannt, war das Wohnhaus des Amtmannes. An der Hoffront im Stil der Weserrenaissance ist am östlichen Flügel eine Tafel mit der Jahreszahl 1521 zu sehen. Erbauer war Graf *Anton* (1498-1521). Im Rittersaal steht noch ein Kamin aus dem Jahr 1591. Der vierte Turm im Osten des oberen

Platzes wurde „Kühner Henke“ genannt. Er blieb mit seinem Verließ erhalten.

Vom Amtmann des Grafen wurden auf der Burg kleinere Vergehen und Streitigkeiten unter Bewohnern des Amts Schaumburg aus der Umgebung geschlichtet und gesühnt. Die Steuerpflichtigen lieferten ihre Steuern ab, Unwetter-, Hochwasser- und Kriegsschäden wurden hier gemeldet und unter der Linde zwischen Krug und Burgtor fand am 16. Juni 1598 die letzte sogenannte „Eheberedung“ (entspricht der standesamtlichen Trauung heute) zwischen Arend Ukermann und Alheit Vogelsang (Witwe des Johann Vogelsang aus Segelhorst 11) in Anwesenheit von elf Zeugen aus der Verwandtschaft statt.

Im Dreißigjährigen Krieg, zur Zeit des Merianstiches, herrschte hier ein lebhafter Verkehr. Reitertrupps forderten im Auftrag ihrer Generale Kontributionen und Proviant. Wurden ihre Forderungen nicht sofort erfüllt, so nahmen sie häufig den Amtmann und seinen Rentschreiber als Geiseln. Die Zugangswege und die Umgebung der Burg wurden durch plündernde Soldaten unsicher gemacht. Wölfe rissen das Jungvieh auf den Kämpen der Domäne Coverden. Im 19. Jahrhundert verödete die Schaumburg. Zur Zeit der Kriege gegen Napoleon gehörte sie zum Königreich Westfalen unter dessen jüngstem Bruder Jérôme, der fast alle Inschriften und Tafeln beseitigen ließ. 1866 kam die Schaumburg zu Preußen, 1876 richtete der Unternehmer Priesmeier ein Gasthaus ein und 1907 schenkte Kaiser Wilhelm II. die Burg seinem Verwandten Fürst Georg von Schaumburg-Lippe (1893-1911) zur Silberhochzeit.

3. Zur Gründungsgeschichte und Entwicklung der Stadt bis zum Dreißigjährigen Krieg

Das *alte Dorf* entstand auf einem Werder aus blauem Ton – so beginnt *R. Harmening* topographisch-geologisch seinen „Abriß der Geschichte der Stadt Hessisch Oldendorf in seinen „Beiträgen zur Stadtbaugeschichte" (1988). Geologisch bedeutend ist die Tatsache, dass dieser Ton aus dem Pleistozän – der quartären Eiszeit (Diluvium) unmittelbar vor der geologischen Gegenwart bis etwa 10 000 Jahre vor Christus – auch im Mittelalter noch nicht ausgehärtet war. Dieser Werder inmitten der Talaue der Weser, die noch ohne festes Bett das Tal nicht nur in großen Schleifen sondern auch mehrmals in Arme geteilt durchzog, war im Frühmittelalter von Laubwald bedeckt. Siedlungen und Äcker lagen meist an den Talrändern. Die Stromaue wurde durch die Besiedlung zwischen 900 und 1200 dann wesentlich durch intensive Rodungen in ihrer Gestalt verändert.

Das alte Dorf, ein sogenanntes „Stromauenwerderdorf", läßt sich im Gelände zwischen Fabrikstraße und Bahnhofsallee (bis zur alten Zuckerfabrik) westlich der Altstadt lokalisieren. Seit etwa 1475 ist hier die Flurbezeichnung „Up dem Oldendorpe", in einer Flurkarte von 1751 noch „Auf dem Ahlen Dorfe", bekannt. Diese frühe Siedlung lag direkt am nördlichen (Haupt-)Weserarm – und zugleich am alten Hel(l)weg. Beim Bau der Zuckerfabrik 1875 wurden bei Ausschachtungsarbeiten auch alte Mauerreste gefunden, die Spuren vom alten Oldendorf gewesen sein können.

Zur Gründung der Stadt Oldendorf konnte der Heimatforscher und Lehrer *Friedrich Kölling* trotz intensiver Suche keine Urkunde auffinden. Aber schon aus dem 12. Jahrhundert entdeckte er Urkunden, in denen u. a. für einen „Othelricus de Aldenthorpe" Güter in Rinteln, Steinbergen, Engern und eine Mühle in Rohden (zwischen 1160 und 1170) aufgezählt werden. Er ist möglicherweise der Vorfahr eines Vizerichters des Grafen Adolf III. bzw. IV. „Ludinger de aldenthorpe", der in einer Urkunde zwischen 1208 und 1232 erwähnt und in der Zeit zwischen 1215 und 1222 auch „ludingerus miles de Scowenberc" genannt wird. In einer Hamelner Urkunde aus der Zeit von 1237 bis 1247 entdeckte *Kölling* schließlich mit der Bezeichnung „Oldendorpe prope Scowenborch" (Oldendorf nahe der Schaumburg)

Oldendorff.

den Beweis bzw. begründeten Hinweis, dass Oldendorf um diese Zeit bereits Wehraufgaben des Landes übernommen habe. Heute wird als Gründungsjahr **1233** angenommen – 1983 fand daher auch die 750-Jahr-Feier statt.

Zur Gründungszeit hat sich *Friedrich Kölling* (1956) wie folgt geäußert: „Das Stadtarchiv kann uns eine Antwort darauf nicht geben. Auch Nachforschungen in den Staatsarchiven Marburg, Hannover, Münster, Wolfenbüttel, Hamburg, Kiel und Kopenhagen sind ergebnislos geblieben. Wir müssen also damit rechnen, daß die Gründungsurkunde der Stadt unwiederbringlich verloren ist.
Unsere Nachbarstadt Rinteln ist besser daran. Sie bewahrt in ihrem Archiv eine Urkunde auf, nach der ihr Graf Adolf [IV.] 1239 die Lippstädter Stadtrechte verlieh.
Diese Urkunde ist für unsere Stadtgeschichte wichtig, denn die darin erwähnten Rechte der Stadt Lippstadt waren Vorbild für die drei alten schaumburgischen Städte Rinteln, Stadthagen und Oldendorf. Es sind auch in Oldendorf noch mehrere Urkunden erhalten, die uns nahe an die Gründungszeit heranführen. Im Stadtarchiv befindet sich eine Urkunde von 1468, in der die Brüder Adolf und Erich von Schaumburg [Adolf X. (regierte 1464-1474), Erich (regierte 1474-1492); d. Verf.] die Stadtrechte bestätigen. Es heißt darin: ‚unseren leven Borgern tho Oldendorpe alle recht und alle ordele, die die Stadt tor Lippe bruken, in allen saken und in allen Dinghen‘. Die Urkunde betont also ausdrücklich, daß die Stadt die Rechte von Lippstadt besaß und somit Rinteln rechtlich gleichgestellt war.
Das Pfarrarchiv besitzt noch eine ältere Bestätigungsurkunde. In ihr bestätigt Graf Adolf [IX. (regierte 1405-1427)] die Stadtrechte, wie sie bereits sein Vater und seine Voreltern verliehen hatte. Die Stadt besaß also die Stadtrechte, als der Großvater [Adolf VII. (1315-1354)] 1315 die Regierung antrat.
Weitere Urkunden der Klosterarchive von Fischbeck, Obernkirchen und Loccum aus der Zeit von 1220-27 bezeichnen Oldendorf als Stadt. Sie erwähnen 1320 die Tore der Stadt, 1324 die Stadtkirche und 1323 Bürgermeister und Rat der Stadt. Im 13. Jahrhundert fließen die urkundlichen Quellen spärlicher. (...)
Die bereits erwähnte Hamelner Urkunde, die zwischen 1237 und 1247 ausgestellt wurde, ist sehr wahrscheinlich der erste Nachweis der Stadt Hess. Oldendorf.

Alle diese urkundlichen Belege werden durch Vergleiche mit den beiden ‚altschaumburgischen Städten' Stadthagen und Rinteln gestützt. Sie weisen die gleiche planmäßige Anlage sowie die gleiche rechtliche Stellung auf.
Wir können also mit Sicherheit die Gründung von Oldendorf in das zweite Viertel des 13. Jahrhunderts verlegen."

Der Gründer der schaumburgischen Städte Stadthagen (um 1230), Rinteln (1230/39) und Oldendorf (um 1230/1240, angenommen 1233) war also *Graf Adolf IV.*, der von 1224 bis 1239 regierte. F. *Kölling* erwähnt in seiner Gründungsgeschichte das „Lippstädter Stadtrecht", das dem „Soester Stadtrecht" nachgebildet seit 1185 Vorbild für die lippischen Stadtgründungen unter *Graf Bernhard III. zur Lippe* geworden war. Das Soester Stadtrecht wurde um 1120 aufgezeichnet. Außer etwa 60 westfälischen Städten erhielt es 1159 auch Lübeck, die Stadt, die von Graf Adolf II. von Holstein und Schaumburg 1143 gegründet worden war.

Harmening charakterisiert Funktion und Rechte der schaumburgischen Städte und damit auch von Oldendorf wie folgt: „Über die Sicherung des Landes im Rahmen der territorialen Erwerbspolitik des Fürsten hinaus, fungierten die Städte als Produktionszentren und Marktorte. Der Stadtherr verlieh den Bürgern über die Ratsverfassung eine beschränkte Autonomie, sicherte dem Land eine Vielzahl qualifizierter Gewerbe und die Versorgung mit Gütern. Er selbst partizipierte am ökonomischen Erfolg durch die Erhebung von Zöllen, Steuern und Abgaben, die ihm einen größeren Handlungsspielraum innerhalb feudaler Beziehungen, sowohl gegen seine Lehnsherren, die Herzöge von Sachsen und den Bischof von Minden, wie auch gegenüber seinen Ministerialen ermöglichten."

Im einzelnen bedeutete das Stadtrecht folgendes: Die Bürger konnten in Statuten ihre Rechte und Pflichten in der Gemeinschaft festlegen. Es musste Bürgergeld gezahlt und der Bürgereid geleistet werden, städtische Ehrenämter, deren Annahme nicht abgelehnt werden konnte, dienten der gegenseitigen Hilfe z. B. bei Bränden. Die Häuser waren überwiegend mit Stroh gedeckt und besaßen selten Kamine oder Rauchfänge. Handwerker organisierten sich in Gilden oder Ämtern. Um 1600 sind in Oldendorf vor allem Schuhmacher (als größte Gruppe bis ins 19. Jahrhundert) nachweisbar. Er existierten außerdem Schmiede-, Bäcker- und Fleischerämter, Schneider-, Fischer-, Woll- und Leinewebergilden. Seit dem 15. Jahrhundert wurde in Oldendorf auch Bier gebraut. „Hausgesessene Bürger“ (also Hauseigentümer) durften für den Eigenbedarf nach einem gräflichen Privileg, der Braugerechtsame, brauen. Die Braugerechtsame oder Braugerechtigkeit konnte auch verkauft werden. Die Stadt durfte Bier für den Handel brauen, wofür sie einen vereidigten Brauer anstellte. 1633 wurde Bier im Ratskeller und in drei Stadtkrügen ausgeschenkt. Die Häuser Lange Straße 31 und 49 waren im 17. Jahrhundert die beiden städtischen Brauhäuser.

In diesem Jahrhundert war die Stadt nachweislich in vier Verwaltungsbezirke aufgeteilt, die wohl auch schon zuvor bestanden hatten. Stiftungen sorgten für eine Unterstützung der Armen, so z. B. die „Milde Stiftung zum Heiligen Geist“ von 1541 und „30 Arme unter dem Turme“ von 1562. Bereits für das Jahr 1464 ist ein Siechenhaus nachgewiesen – östlich der Stadt „Unter dem Winde“ gelegen. Seit 1563 wurden in der Stadt jährlich drei Jahrmärkte zur Versorgung mit Gebrauchsgütern abgehalten. Zwei Wochenmärkte sorgten für den Handel mit Verbrauchsgütern (Nahrungsmitteln).

Oldendorf bot somit das typische Bild einer Ackerbürgerstadt. Die Stadt war planmäßig nach dem Vorbild lippischer bzw. westfälischer Städte in der späten Phase der mittelalterlichen Stadtgründungen (1220 bis 1250) angelegt worden. Die Lage war strategisch und wirtschaftlich günstig. Der zu besiedelnde Werder war im Süden durch die Weser, die mindestens seit 1200 von Schiffen bis nach Bremen befahren wurde, im Norden durch ein Feuchtgebiet (Schilf, um 1475 Schelp genannt) und an der Ost- und Westseite von Bachläufen begrenzt und geschützt. Die Altstadt umfasste 18 Hektar, sie bildete ein unregelmäßiges Viereck von etwa 525 m Länge und einer Breite zwischen 300 m (im Osten) und 400 m (im Westen). Die Hauptstraße (Lange Straße) folgte dem Verlauf des alten Heerweges (Hel(l)weg), zwei dazu parallel verlaufende Straßen waren die Hintere Straße (heute Paulstraße – von lat. *palus* für Sumpf, Pfuhl) und Süd-(bzw. Schul-)straße. Bäcker-, Mittel- und Weserstraße sind auch auf einem Plan von 1751 eingezeichnet, auf dem Merianstich – auch aus der Vogelperspektive im Stich der Schlacht bei Oldendorf – jedoch nicht eindeutig zu erkennen.

Harmening zieht aus der Rekonstruktion der Parzellenstrukturen den Schluss, dass in der Gründungszeit „zunächst 100 bürgerliche Hausstätten primär an der, dem Verlauf der alten Fernstraße Hildesheim-Osnabrück folgenden, Langen Straße, Am Markt und an der Weserstraße ausgewiesen waren; d. h. man kalkulierte zur Gründungszeit eine Bevölkerung von rd. 600-800 Personen. Die von Lokalhistorikern veröffentlichten Schätzungen von 230 Bürgern (entsprechend 1200-1300 Einwohnern) für das 14. Jh. sind zu korrigieren, sie treffen erst für das 16. Jh. zu."

Eine Blütezeit erlebte das Schaumburger Land und damit auch die Stadt Oldendorf zwischen 1520 und 1620. Zuvor hatten Fehden der Schaumburger Grafen in Niedersachsen und Westfalen, Hungersnöte und Pestepidemien die Bevölkerung sehr dezimiert. Andererseits zogen Landbewohner wegen der vorherrschenden Agrardepression auch in die Städte. In den genannten hundert Jahren hatten die Grafen von Schaumburg ihre Fehden eingestellt und sich mit den Landgrafen von Hessen verbündet. Ein starker Geburtenüberschuss und der Zuzug von Neubürgern führte nun auch zu einer Bebauung von Süd- und Paulstraße.

Von 1985 bis 1988 wurde der historische Baubestand der Stadt Hessisch Oldendorf durch den bereits mehrmals zitierten Dipl.-Ing. Rolf *Harmening* in Abstimmung mit dem Niedersächsischen Landesverwaltungsamt – Institut für Denkmalpflege – erfasst und beschrieben. Aus dieser Arbeit stammen die folgenden Einzelheiten über *Straßen und Plätze* zur Zeit des Merianstiches. Die Straßen selbst wurden bereits genannt, namenlose Gassen verbanden zusätzlich die Parallelstraßen wie z. B. Bäcker- und Mittelstraße. Die Straßen hatte eine Breite von 11 bis 12 m, ausgenommen die wesentlich breitere Lange Straße. Stellenweise Verengungen in der Paul-, Schul- und Südstraße (zunächst als *Straßen vor Mengersen* bzw. *Post Hoff* bezeichnet) werden auf die nachträgliche Abtrennung kleiner Parzellen aufgrund der Baustättenverknappung im 16. Jahrhundert zurückgeführt. In dieser Zeit wurde auch der Friedhof von der Kirche vor das Ostertor verlegt. Im 16. Und 17. Jahrhundert vergrößerten die Bürger die „Stuben" ihrer Häuser häufig durch zweigeschossige sogenannte *Utluchten* in den Raum der Straße hinein. Die Bürgerhäuser standen in enger Reihe, meist nur durch eine schmale „Gosse", einen Abfluss für Abwässer, getrennt unmittelbar an der Straße. Die Wohngebäude der Adeligen (Ministerialen) waren dagegen von der Straße zurückgesetzt erbaut worden und verfügten über größere Gärten und Höfe (s. Kap. 8).

Die Straßen mussten ein leichtes Längs- und Quergefälle aufweisen, um die Abwässer durch Rinnsteine (offene Rinnen damals in der Straßenmitte) und kleine Abflüsse in die Stadtgräben führen zu können. In einer Polizeiordnung von 1615 wurde durch den Fürsten Ernst III. die Anlage von Steinwegen befohlen. Ebenso war die wöchentliche Abfuhr von Straßenunrat Pflicht der Bürger. Infolge der Beschaffenheit des Werders (s.o.) verfügten die Häuser aus der Anfangsphase der Bebauung über keine Keller, die Gebäude ruhten oft auf dicken, in den weichen, tonigen Untergrund gerammten Eichenpfählen. Auf diese Bodenbeschaffenheit wird auch der Niveauunterschied zwischen der heutigen Stadtsohle und dem alten Fußboden der Kirche (von etwa einem Meter) zurückgeführt(s. auch Kap. 4). Aufgrund des hohen Drucks der Steinmassen erfolgte hier eine Absenkung, bis der Boden sich genügend verdichtet hatte und hart geworden war. Ab dem 16. Jahrhundert mussten die Bürgerhäuser nicht mehr auf Eichenstämmen errichtet werden. Charakteristische Bebauungen stellten an der schmalen Südseite der Kirchplatzes die Schul- und Bediensteten-Wohnungen, in der Paulstraße die kleinen Weber- und Fischerhäuser (1879 abgebrannt) und an der Südstraße die Gebäude der Adeligen von Post und von Campe (Kap. 8) dar.

4. Die Brücken über die beiden Weserarme

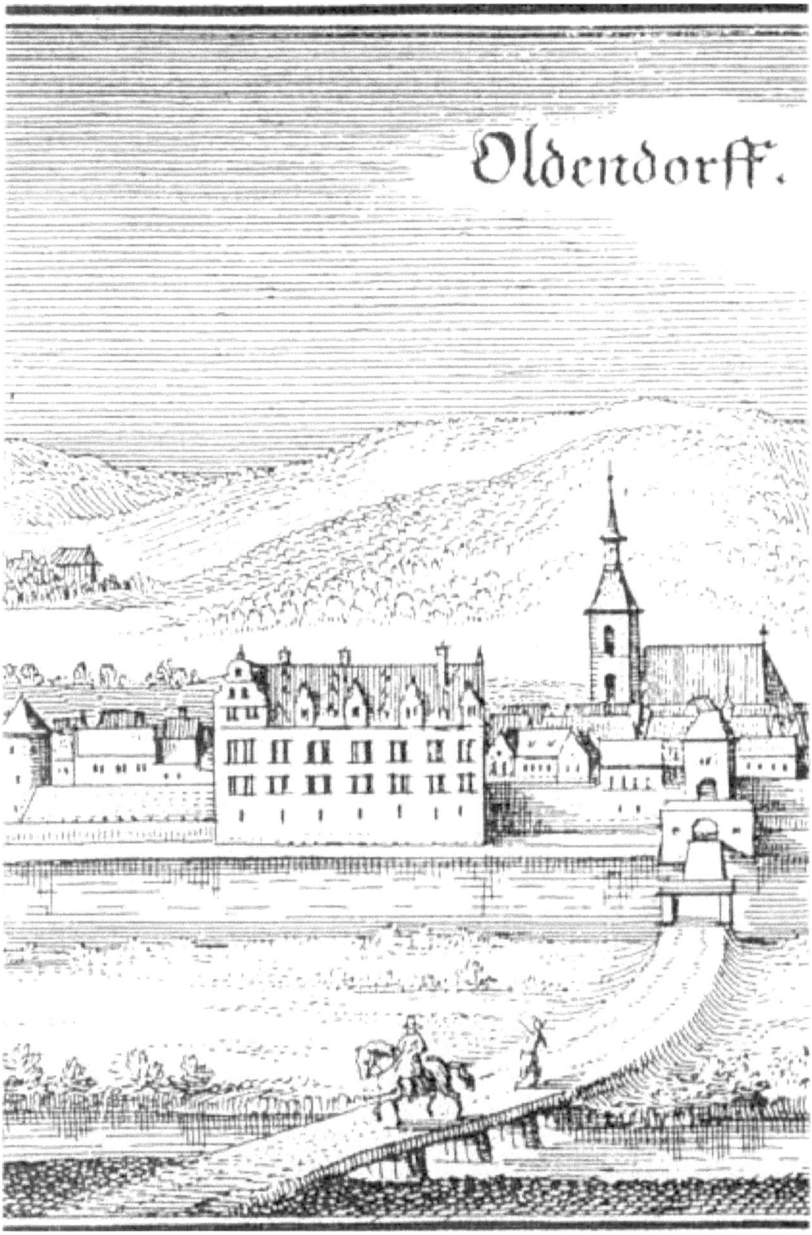

Die Siedlung Oldendorf lag im 14. Jahrhundert, als ihr das Lippstädter Stadtrecht verliehen wurde (s. Kap. 3), unmittelbar an dem schiffbaren Hauptarm der Weser – und zugleich an der wichtigen Ost-West-Fernstraße von Braunschweig über Hildesheim, Coppenbrügge, Hasperde, Oldendorf, den Steinberger Pass nach Minden und weiter bis Osnabrück, die hier auf die alte Heerstraße (den Hellweg) aus der lippischen Region von Lemgo, Bösingfeld, Goldbeck und Fuhlen über die beiden Weserarme traf. Auf dieser alten Heerstraße sollen schon 779 die Sachsen gezogen sein, die sich gegen *Karl* (den Großen) (768-814) erhoben hatten und sich im selben Jahr in *Medofulli* unterwerfen mussten. Medofulli soll *Fuhlen* gewesen sein. 772 hatte König Karl mit seinem Feldzug gegen die Sachsen begonnen und eroberte im ersten Jahr der mit Unterbrechungen bis 784 dauernden Sachsenfeldzüge die Eseburg an der Diemel. 779 führte Karl der Große das Heer der Franken bis an die Elbe. Herzog Widukind (778-785), der Führer der aufständigen Sachsen, floh zu den Dänen. Er unterwarf sich nach der Verwüstung seiner Lande 785 und ließ sich in der Pfalz Attigny in der Champagne taufen.

Die Ost-West-Fernstraße wurde auch von der preußischen Post (reitende Post ab 1646, brandenburgisch-preußische Poststation 1649, ab 1692 fahrende Post, 1875 durch die Eisenbahn abgelöst; im Haus Lange Straße 73 – Gedenktafel am Haus) auf dem Weg von Königsberg bis C(K)leve benutzt. Auf der alten Heerstraße wurden aus der Region rechts der Weser Salz (aus Hemmendorf), Kohle und Steine in das Lipper Land transportiert. Daher gab es auch eine Zollstation. Für den Grafen *Adolf IV.* (1224-1239) war somit hier eine günstige Lage für eine Stadt gegeben – sowohl aus territorialer Sicht zum Schutz seines Schaumburger Landes als auch mit herausragender wirtschaftlicher Bedeutung infolge der Fernhandelswege zu Wasser und auf dem Lande.

Über die Geschichte der „Weserbrücken bei Fuhlen“ hat *Horst Knoke* eine umfassende Studie veröffentlicht, die vor allem auch auf die Brücken auf dem Merianstich eingeht. Aus seinen Darstellungen geht hervor, dass der Merianstich „die Situation vor der Abdämmung des nördlichen Weserarms 1615“ zeigt (s. dazu in Kap. 1). Die folgenden Ausführungen, soweit sie die Brücken direkt betreffen, beruhen auf dieser Veröffentlichung in den „Heimatblättern Hessisch Oldendorf“, Heft 9 (1993).

Die zwei Arme der Weser hatten sich bei Lachem gebildet. Der von Schiffen befahrbare Hauptarm verlief nördlich des Gutes Stau, an der Südseite von Oldendorf und nördlich von Großenwieden. Bei Hochwasser ist er auch heute noch zum Teil erkennbar – so zwischen Weibeck und Gut Stau und in der Umgebung der Kläranlage von Oldendorf. Der Verlauf der Weser in unserer Zeit entspricht etwa dem damaligen südlichen Arm der Weser. Wie auf dem Merianstich gut zu sehen, war so zwischen Oldendorf und Fuhlen eine Insel entstanden, dessen Gebiet auf Flurkarten auch heute noch so bezeichnet wird.

Auf dem Merianstich sind die zwei Brücken über die beiden Weserarme deutlich erkennbar dargestellt. Auf der Brücke bei Fuhlen befindet sich in Richtung auf Fuhlen ein Reiter. Eine Person mit geschultertem Gerät und einem offensichtlich umgehängten Beutel schreitet auf die Stadt Oldendorf zu. Die Brücke vor Oldendorf über den nördlichen Weserarm schließt direkt an das Wesertor an, wo auch die Weserschiffe anlegen konnten.

Nach *Knoke* sind beide Brücken bereits 1407 und 1511 in nicht näher genannten Quellen bezeugt. Die Lippesche Chronik verzeichnete unter dem 31. August 1526, also etwa hundert Jahre vor der Entstehung des Merianstiches, dass die Stadt Oldendorf jährlich Holz zur Unterhaltung ihrer Weserbrücken aus dem Wald bei Sternberg hole und dafür auch eine Abgabe an die Grafschaft zahle, die im 14. Jahrhundert an die Grafschaft Lippe gelangt war. Wegen des großen Interesses am Anschluss an die Ost-West-Fernstraße fiel diese Abgabe sehr niedrig aus. Um 1240 hatte Heinrich von Schwalenberg sich über dem Begatal die Burg Sternberg erbaut, dessen Linie diesen Namen annahm. Die Gründungen von Bösingfeld, Alverdissen und Barntrup gehen auf die Grafen von Sternberg zurück. Die Holznutzung wurde jedoch unter Reichsgraf Simon VI. von Lippe (1563-1613), nach dessen Tod der Grafschaft geteilt wurde (u.a. in Lippe-Detmold und in Lippe-Alverdissen, ab 1643 Schaumburg-Lippe), eingeschränkt und schließlich um 1700 eingestellt.

Beide Brücken waren ganz aus Holz erbaut worden, „die hölzernen Überbauten wurden von hölzernen Pfahljochen getragen, die nach oberstrom mit Eisabweisern versehen waren. Wahrscheinlich hatten die Brücken vor der Stadt einen hochklappbaren Teil, um höhere Schiffe passieren lassen zu können und um Schutz vor Feinden zu bieten.“ (*Knoke* 1993)

Wegen der Konstruktion aus Holz waren sicher häufiger Neubauten erforderlich (vor allem infolge schweren Eisgang- und Hochwasserschäden), was H. *Knoke* auch in seinem Text ausdrückt, indem er für die Brücke direkt vor Oldendorf die Mehrzahl gebraucht. Durch ein Legat der Familie von Mengersen erhielt die Stadt zwar 16 Taler zur Unterhaltung der Brücken, der größte Teil der Unterhaltungskosten musste jedoch von der Stadt selbst aufgebracht werden. In einer Urkunde des Grafen (Fürsten) Ernst (1601-1622) von 1602 heißt es dann auch, dass die Stadt ihre Brücken an zwei unterschiedlichen Orten über die Weser erhalten müsse, sie jedoch nach einer Zerstörung eine freie Überfahrt auch mit ihren eigenen Baumschiffen (also von Fähren) gewährleisten dürfe.

Mit Hermann von *Mengerß(s)en* als erstem Lehnsinhaber des Mengersen-Hofes (früher „Straße vor Mengersen Hoff“, heute Schulstraße, Altersheim in den 70er Jahren des 20. Jahrhunderts) im Dienste des Grafen *Otto IV.* (1544-1576) trat diese Familie um 1559 in der Geschichte der Stadt auf. Die Belehnung mit Oldendorf wird von F. *Kölling* (1956) auf das Jahr 1586 datiert. Kölling schreibt, dass Hermann von Mengersen sehr begütert gewesen sei und seinem Sohn Jobst 120 000 Taler an Gütern und Kapitalien hinterlassen habe. Jobst von Mengersen wurde unter Fürst Ernst (1601-1622) Landdrost(-vogt) und erweiterte seinen Besitz durch die Pfandschaft auf Gut Stau bei Weibeck. Er war Herr auf Schloss Hülsede und hatte seinen Amtssitz in Oldendorf. Die Oldendorfer Linie der Herrn von Mengersen starb erst 1920 mit dem Oberforstmeister August von Mengersen aus. Nicht in Übereinstimmung mit den von Kölling genannten Daten steht die Angabe von Knoke, dass „die Eigentümer, die Herren von Mengerßen, bereits 1582 damit [begannen], südlich des Gutes Stau einen Hochwasserschutzdamm zu bauen“, weil die Äcker und Wiesen des Gutshofes oft mehrmals im Jahr bei Überschwemmungen der Weser unter Wasser standen. 1615 ließ jedenfalls Jobst von Mengersen als schaumburgischer Landvogt die nördliche Weser am Gut Stau abdämmen. Eingaben der Stadt gegen dieses Vorhaben hatten keinen Erfolg. Oldendorf verlor seine Bedeutung als Hafenstadt und damit seine Einnahmen durch den Weserzoll. Die fürstliche Zollstation wurde 1616 von Oldendorf nach Rumbeck verlegt. Das älteste noch erhaltene Haus in der Mittelstraße (erbaut 1543, verzierter Vorbau von 1581 – Tafel am Haus) wurde dem genannten Landvogt erbaut. Der Text des Heimatbundes auf der Gedenktafel lautet: *„Landdrost Jobst von Mengerßen, der Erbauer dieses Hauses, dämmte in den Jahren 1615-1682 die Weser beim Rittergut Stau ab und gewann durch die Trockenlegung große Flächen fruchtbaren Ackerlandes. Der Stadt Hess. Oldendorf entstand aber großer wirtschaftlicher Schaden, da der Hauptarm nicht mehr direkt an den Stadtwällen und dem Münchhausen-Schloß entlang floß. Dem Volksglauben nach soll der Jobst in nebligen Nächten ruhelos bei der alten Weser umherirren.*"

Über die letzte Weserbrücke direkt am Wesertor schreibt H. *Knoke*, dass sie vier Öffnungen gehabt habe. „Die drei Pfeiler und die Widerlager waren massiv aus Steinen gemauert, über dem nördlichsten Pfeiler war, evtl. im Zusammenhang mit dem hochklappbaren letzten Brückenfeld stehend, ein Brückenhaus errichtet. Die Überbauten bestanden aus Holz. Nach der Abdämmung des Weserarms stand sie, sieht man von dem Weserangerbach – heute Hollenbach – ab, der nun unter ihr verlief, auf dem Trocknen. Sie wurde daher im Volksmund ‚Brücke ohne Wasser' genannt." 1866 wurden die genannten Pfeiler und Widerlager, die nur noch einen Fußgängersteg trugen, abgerissen und durch einen Straßendamm durch das ehemalige Weserflussbett, den „toten Weserarm" ersetzt.

Das gesamte Wasser der Weser floss nun durch den ehemals südlichen Weserarm bei Fuhlen. Diesen Fluten war die zweite Brücke nicht gewachsen, sie musste ständig ausgebessert werden. Im Dreißigjährigen Krieg zogen die Heerscharen der kaiserlichen Truppen im Juni 1639, eine schwedische Armee unter General Güstermann Ende 1647 und schließlich am 9. Januar 1648 die preußische Armee unter General Wrangel über diese Brücke. Danach gilt sie als völlig zerstört, die Stadt hatte keine Mittel, sie neu zu errichten, so dass wiederum der

Verkehr über die Weser durch Fähren aufrecht erhalten werden musste. 250 Jahre bestand nur diese Fährverbindung zwischen Oldendorf und Fuhlen, bis aus den Teilen der alten Kettenbrücke über die Weser in Hameln (erbaut 1836-1839) 1898/99 eine neue Brücke erbaut werden konnte, die 1945 am Ende des Zweiten Weltkrieges gesprengt wurde. Ab 1899 wurde ein Brückengeld erhoben.

In einem Bericht des königlichen Regierungspräsidenten in Kassel, Freiherr *von Dit(h)furth*, an den Kreis Rinteln wurden die Angehörigen der Gemeinden Fuhlen und Oldendorf davon ausgenommen – mit einer „historischen Begründung“, die uns zum Merianstich zurückführt: „Dabei ist zu berücksichtigen, daß Oldendorf und Fuhlen bereits auf der alten im Dreißigjährigen Krieg zerstörten Brücke Zollfreiheit genossen, späterhin von der Entrichtung eines Fährgeldes auf der Oldendorfer Fähre frei waren, einen prozentual höheren Beitrag als die übrigen interessierten Gemeinden zu dem Bau errichtet haben und auf den Anteil an den Überschüssen des Brückengeldes verzichten. Mit Rücksicht hierauf hielt es der Kreisausschuß für angemessen, die Angehörigen dieser beiden Gemeinden von den Entrichtung eines Brückengeldes zu befreien.“ Im Originaltext der „Topographia Westphalia“ (s. Kap. 1) ist übrigens auch die Tatsache einer Zollstation an der Weser bei Oldendorf genannt.

Die alte Flussaue direkt vor Oldendorf wird in einer Gemarkungskarte von 1782 noch in Form von Wiesen-, Hude- und Sumpfflächen ausgewiesen. Auch existiert die „alte Weser“ als Flurname zwischen Oldendorf und Großenwieden, wo früher der Rohdener Bach in die Weser mündete. Dazu schreibt Horst *Deidert* („Jobst von Mengersen vertrieb die Weser aus ihrem Bett“, Deister- und Weser-Zeitung vom 9. November 1991): „Heute ist am dortigen Dreiländereck, wo die Gemarkungen von Welsede, Oldendorf und Großenwieden zusammenstoßen, ein Kuriosum, denn der Bach fließt über eine Brücke über die alte Weser und dann durch die Weiden zur Coverdschen Weide in die Weser. Von der „alten Weser“ führt heute eine Entwässerungsgraben bis zur Großenwiedener Fähre. Er gibt etwa den alten Flußverlauf wieder.“

1984 wurde bei Tiefbauarbeiten im heutigen Münchhausenpark ein etwa 4,50 Meter unter der Erdoberfläche liegende mächtiger Eichenpfahl freigelegt. Man vermutete, dass er und weitere Pfähle, die wegen des festen Bodens nicht geborgen werden konnten, zur Gründung eines Brückenpfeilers der alten Weserbrücke (oder vielleicht auch der Stadtbefestigung an dieser Stelle) verwendet worden war. Dendrologische Untersuchungen zur Altersbestimmung ergaben ein Fälldatum um 1296. (Annemarie *Rein-Piepho*, Deister- und Weserzeitung vom 27. September 1997) Der Holzpfeiler stammt somit aus dem Jahrhundert, in dem die Stadt Oldendorf an der Weser gegründet wurde. Der Brückenpfeiler wurde anschließend im Park vor dem Münchhausen-Gutshof, wo einst die alte Weser entlangfloss, aufgestellt. Tafel mit ausführlichen Texten informieren dort über „Die Weserbrücken vor Hessisch Oldendorf“ und über den „Historischen Brückenpfeiler“.

5. Die Befestigungen der Stadt

Sowohl *Kölling* (1953) als auch *Harmening* (1988) – Heimatforscher bzw. Ingenieur – haben sich ausführlich mit den Befestigungsanlagen der mittelalterlichen Stadt Oldendorf befasst.

Eine massive steinerne Stadtmauer hat Oldendorf nicht gehabt, wofür auch der weiche, tonige Boden wenig geeignet gewesen wäre. So bestand die Befestigung nur aus Wällen – heute noch überwiegend vorhanden und begehbar – mit aufgesetzten Palisaden (Pfählen), aus Gräben, Toren und Türmen. Für die topographisch geschickte Stadtanlage nutzte ein „Lokator und Markscheider" (Harmening) im Auftrage des Gründungsherrn Graf Adolf IV. die Weser, zwei kleine Wasserläufe und Feuchtgebiete (Schilf) als Stadtgrundriss. Erst daran anschließend steckte er den Straßengrundriss ab und nahm auch die Parzellierung vor. Nach dieser offensichtlichen Vorgehensweise konnte ein Befestigungssystem mit einem vorgelagerten umlaufenden, im nördlichen Wallbereich sogar doppelten Wassergraben geschaffen werden. Auch vom Wallgraben blieb ein Teilstück bis in unsere Zeit erhalten.

Somit hatte die Gesamtanlage, trotz der massiven, stark befestigten drei Stadttore und auch des Kirchenturms als Wehr- und Fluchtturm keine territorialstrategische Bedeutung. Lediglich der Schutz der Stadtbewohner vor Dieben und Marodeuren (wie speziell die plündernden Nachzügler vorbeiziehender Heere genannt wurden) und vor sonstigem unerwünschtem Gesindel war auf diese Weise gewährleistet. Die Stadt wurde nicht nur auf einer Insel, einem Werder, gegründet, sie wurde durch die Befestigungsanlage noch mehr in eine nun geschützte Insel verwandelt. Die Wälle und Befestigungen hatten vor allem auch einen Symbolwert: Die Bürger und sonstigen Bewohner der Stadt fühlten sich in dieser räumlich abgegrenzten, mit Rechten und Pflichten versehenen Siedlung geborgen, vor allem auch dann, wenn die Stadttore bei Sonnenuntergang geschlossen wurden.

Ein Teil des ursprünglich die Stadt vollständig umschließenden Walles wurde im Süden am 12. Juni 1577 von Bürgermeister und Rat

an *Börries von Münchhausen* für 300 Taler verkauft, der ihn abtragen ließ, um darauf sein neues Haus (s. Kap. 10) zu erbauen. Die durchschnittliche Höhe der Wälle schätzt *Kölling* auf etwa vier Meter (für den Südwall – die übrigen waren 2 bis 3 Meter hoch, die Sohlbreite betrug 13 bis 23 Meter); sie hatten primär auch eine Deich- also Hochwasserschutzfunktion.

Auf die Wallkrone waren etwa mannshohe Palisaden aufgesetzt, die in einer *Post'*schen Urkunde vom 1. Mai 1395 als „Planken" erwähnt werden und noch während des Dreißigjährigen Krieges vorhanden waren. Nachgewiesen ist z. B. für das Jahr 1639 in einer Kämmereirechnung die Lieferung eines Fuders Palisaden durch den Meyer zu Rohden zum Ausbessern von Schäden. Offensichtlich waren die Palisaden infolge des Dreißigjährigen Krieges von einquartierten Truppen verfeuert worden. Auf den Wall aufgesetzt waren auch drei *Rundtürme*, von denen die zwei nach Süden auf dem Merianstich gut zu erkennen sind. Sie standen in der Ost- bzw. Westecke des Südwalles und in der Mitte des Nordwalles, wo heute die Mittelstraße den Wall durchbricht. Als „Turm hinter dem Münchehof" (Nordwall), „Turm bei dem Kloster" (Westwall) und „Turm bei der Villerei" (Ostwall; das mittelhochdeutsche Wort „ville" bezeichnet allgemein einen oder mehrere ländliche Höfe) werden sie nachweislich einer Kämmereirechnung von 1633 ausgebessert. Der Turm an der Mittelstraße am Nordwall wurde auch als „Bürgerzwangturm" benutzt. Der Nordwall-Ostabschnitt hinter dem Münchhausenhof wurde später (nachweislich im 18. Jahrhundert) als „Judentodenhoff" genutzt. 1867 war der Turm am Nordwall noch erhalten. Am westlichen Wallaufgang an der Mittelstraße befindet sich ein Stein mit einer goldeloxierten Erinnerungstafel des Heimatbundes Hess. Oldendorf – mit eine Bild des Turmes und folgendem Text: *„Als Teil der mittelalterlichen Stadtbefestigung stand an dieser Stelle* Bürgerzwangturm. *Der aus Bruchsteinen gemauerte Rundturm diente bis zum Bau des Amtsgerichts im Jahr 1886 als Gefängnis, in dem als schwerste verhängte Strafe des Stadtgerichts die "Turmstrafe" verbüßt werden mußte.*"

Mit dem Aufkommen von Feuerwaffen im 14./15. Jahrhundert hatten alle diese Wehranlagen jedoch keine militärische Bedeutung mehr. Im Unterschied zu Rinteln wurden sie auch nicht den Veränderungen in der Kriegsführung angepasst.

Aus einem Stadtplan von 1748, einhundert Jahre nach dem Erscheinen des Meriansstiches, sind auch die Ausmessungen des Hauptwallgrabens mit etwa 8 bis 10 Metern zu entnehmen. Er verbreiterte sich vom Ostertor aus südwärts bis zur Südostecke der Umwallung bis auf etwa 30 Meter. Das Bett dieses Teilstückes soll in den zwanziger Jahren des 20. Jahrhunderts gut zu erkennen gewesen sein. (*Kölling*)

Die Stadt besaß über Jahrhunderte die Rechte der Wallnutzung. Dem Graben vorgelagerte Anger und auch der Bereich zwischen dem inneren und äußeren Graben wurden in Parzellen aufgeteilt und als Bürgergärten genutzt.

Über die *Stadttore* lassen sich aufgrund des Meriansstiches und auch anhand von Ausgrabungen in den dreißiger Jahren des 20. Jahrhunderts folgende Einzelheiten feststellen: Ihre Lage war durch die vorhandenen Wege festgelegt. Oster-, Weser- und Westertor bestanden jeweils aus einem innerem und einem äußeren Tor. Sie wurden erst in der Mitte des 19. Jahrhunderts (begonnen 1824) abgerissen. „Die inneren Tore waren viereckige, wuchtige Türme von rund acht Meter Durchmesser, die äußeren Tore mehr oder weniger lange Mauern von erheblicher Stärke." (*Kölling*) Am Westertor konnten bei Ausgrabungen Mauerstärken der Türme von bis zu 1,8 Meter festgestellt werden. Die Mauern waren mit heißem Kalk gegossen worden und somit von hoher Festigkeit. Die Mauern der Außentore wiesen eine Stärke von 1,35 Meter auf und waren wie die ersten Bürgerhäuser auf Eichenpfählen errichtet worden: Über senkrechte Pfosten hatte man unbehauene Querbalken gelegt, auf denen das Mauerwerk ruhte. Die Fundamente des Außenwerkes am Westertor reichten bis in eine Tiefe von 4,2 Metern unter dem Straßenniveau von 1955 zur Zeit der Ausgrabungen. Dem Westertor vorgelagert befand sich die *Stadtmühle*, zwischen Stadtgraben und Mühl(en)bach, zusätzlich durch eine Mauer geschützt – und auf dem Merianstich gut zu erkennen.

Das Wallsystem blieb, ähnlich wie z. B. in Göttingen, bis in unsere Zeit überraschend weitgehend erhalten. *Harmening* schreibt diese Tatsache der genannten Deichfunktion des Walles zu und er stellt fest, dass „dieses städtebaulich und stadtbaugeschichtlich bedeutsame – den historischen Kern von den Stadterweiterungsbauten markant trennende – Befestigungssystem mit dem heute noch ablesbaren Stadttorsituationen (...) [somit] nicht als unansehnliches Relikt einer dunklen, wenig geschätzten Vergangenheit beseitigt wurde.

Heute bereitet es Vergnügen, um die Altstadt herumzuspazieren, vom Wall einen Blick auf Stadt und Landschaft zu richten und die urbane Qualität der ehemaligen Verteidigungsanlage zu genießen.“

Ein weiteres wichtiges Element der städtischen Wehranlage stellte darüber hinaus der Kirchturm dar, der als Wehrturm erbaut wurde und aufgrund seiner Bauweise auch die Aufgaben eines Bergfrieds erfüllen konnte. (s. Kap. 6) Bis 1954/55 gehörte er auch nicht der Kirchen- sondern der Stadtgemeinde. Auf dem Merianstich sind zwei weitere turmartige Gebäude rechts (östlich) vom Wesertor zu erkennen. Sie gehörten als Bergfriede zu den Burgmannshöfen (Post- und Weth(d)berge-Höfe) an der Südstraße (s. Kap. 9). Im „Großen Schaumburgischen Lehnsbuch“ des Staatsarchivs in Hannover sind beide Burgmannshöfe mit dem Zusatz „Da der Borgfrede in stehet“ (Postscher Hof 1548) bzw. „Hof mit einem Bergfrede“ (1534, Hof von „Tönies Wedberge“) verzeichnet.

6. Die Stadtkirche St. Marien

und die Totenkirche zum Heiligen Kreuz

Der DuMont Kunst-Reiseführer von G. Ulrich *Großmann* (1988) berücksichtigt in seinem nur kurzen Text zum „Städtchen Hess. Oldendorf" vor allem die Kirche und schreibt:
„Die evangelische *Kirche* steht wie üblich von der Hauptstraße, hier der Langen Straße, durch einen Baublock getrennt. Sie ist eine dreischiffige Hallenkirche mit schmalen Seitenschiffen, Westturm und quadratischem gerade geschlossenem Chor. Achteckige Pfeiler tragen Gurtbögen, Schildbögen und Rippen von etwa gleichen Dimensionen. Das Taufbecken Mante Pelckings ist ein Pendant zu den Werken in der Stephanikirche in Helmstedt (...) und der Kreuzkirche in Hildesheim (...). Es wurde 1590 in Bronze gegossen, und die Darstellungen, bei denen es sich um Taufbilder handelt, entsprechen den genannten Werken."

Als *Gurtbogen* wird der unter einem Gewölbe angebrachte Querbogen bezeichnet. Er dient sowohl der Verstärkung als auch der Gliederung eines Gewölbes. Ein *Schildbogen* ist ein Bogen an der Durchdringungsstelle von Gewölbe und Wand. *Rippen* als profilierte Steinbögen in der Funktion eines tragenden Gerüstes für nichttragende Gewölbefelder werden seit dem Ende des 11. Jahrhundert verwendet, ohne dass zu dieser Zeit schon die konstruktive Funktion erkannt worden war. Sie wurden damals als plastische Fortsetzung einer Wandgliederung betrachtet und zusammen mit dem Gewölbe verschalt. (F. *Baumgart*)

1324 wird die Kirche erstmals urkundlich als Stadtkirche – „ecclesia opidi Oldendorpe" – erwähnt. Ein Pfarrer Konrad und sein Vikar – „Conradus plebanus in Oldendorpe, suus vicarius" – erscheinen auf einer Urkunde von 1320 als Zeugen.

Für den Baubeginn der Kirche wird die Gründungszeit der Stadt angenommen. Der Turm wurde als städtischer Wacht- und Wehrturm erbaut. Er bildet mit der Kirche eine bauliche Einheit. Bis 1955 gehörte er jedoch der Stadt. Im obersten Geschoss des Kirchturmes sind noch zwei Kammern zu erkennen, in denen der Wächter seine Wohnung hatte. Dieser mächtige und massive Wehrkirchturm mit seinen Rundbogen-Öffnungen wurde im Stil der Romanik (der frühmittelalterlichen Baukunst vom Ende des 10. bis in die erste Hälfte des 13. Jahrhunderts) erbaut.

Im 14. Jahrhundert berichten Urkunden von Legaten für die Kirche und ihre Pfarrer. 1354 stifteten Justatius Büsche und Johannes, der Sohn des verstorbenen Bruders Johannes, einen neuen Altar. Er wurde dem Apostel Johannes geweiht. Ausgestattet wurde diese Stiftung mit einem Hofe von 2 ½ Hufen in Welsede (1 Hufe je nach Bodengüte zwischen 7 und 15 ha; bäuerlicher Grundbesitz, der von einer Familie zu deren Ernährung bearbeitet werden konnte). Der Ertrag sollte dem 2. Pfarrer (in alten Urkunden als Vicarius bezeichnet) zum Lebensunterhalt zugeteilt werden. Für diese Stiftung sollten wöchentlich vier Seelenmessen gelesen werden. 1377 wurde von Johannes Post und seinem Sohn Justatius ein neuer Altar zu Ehren der 10 000 Märtyrer gestiftet (s. auch Kap. 8). Dieses Legat bestand bis 1820. 1514 wurde schließlich ein weiterer Altar von der Familie Büsche zu Ehren der heiligen Dreifaltigkeit, der Jungfrau Maria und aller Heiligen und ein geistliches Lehen zum Seelenheile der Familie Büsche gestiftet. Sie gaben eine Hofstätte in Oldendorf und 150 Goldgulden dazu. Dem Lehen wurde die *Marienkapelle vor dem Westertor* hinzugefügt, wie eine Urkunde im Pfarrarchiv belegt. (F. *Kölling*) Weitere Lehen stammten von der Familie von Wethbergen: 1554 übergab Tönnies von Wethbergen dem neuen Pfarrer Eberhard *Poppelbaum* die sogenannte „Annenvikarie“, die mit Kornzins aus den Wethbergischen Höfen in Fuhlen dotiert war.

Auf die Stiftungen aus den Jahren 1354 und 1377 weisen auch einige Schlusssteine des Gewölbes hin, die Wappen der genannten Familien tragen. In dieser Zeit wurde offensichtlich die Kirche von einer romanischen Zufluchtskirche in eine gotische Hallenkirche umgebaut.

Das Bildnis des erste Baumeisters der Kirche befindet sich in der nordöstlichen Ecke des Kirchenschiffes an einer Konsole. Bei der Kirchenrenovierung von 1964/65 konnte festgestellt werden, dass sie noch im ursprünglichen Mauerwerk sitzt. (W. *Stecher*) Der Altarraum wird vom Kirchenschiff durch einen halbrunden, noch oben kaum zugespitzten Triumphbogen getrennt, der wahrscheinlich bei dem Umbau nur geringfügig geändert wurde. Neben dem Triumphbogen sind auch noch Reste eines alten Gewölbes erkennbar. Auch an der Rückwand des Kirchenschiffs sind Stilelemente festzustellen, die den Übergang von der Romanik (romanischer Gurt ohne Konsole) zur Gotik (gotischer Gurt mit Konsole) deutlich werden lassen. Türen und Fenster sind nach dem Umbau wie zur Zeit der Gotik allgemein spitzbogig. Das Maßwerk, das mit dem Zirkel ausgemessene geometrische Bauornament der Gotik für die Aufteilung der Bogenspitzen großer Fenster, wies früher ein Fischblasenmuster auf.

Die Notwendigkeit des Umbaus ergab sich offensichtlich aus dem weichen Untergrund, wie auch heute noch die vordere nördliche Säule eine starke Neigung zur Seite zeigt. Das Gewölbe könnte bereits nach hundert Jahren Risse bekommen haben.

Die Durchführung des Umbaues wird von W. *Stecher* wie folgt beschrieben: „Die Bauarbeiten begannen offenbar mit dem Abbruch der Gewölbe im Mittelschiff und im nördlichen Seitenschiff. Altarraum und Südschiff blieben für die Gottesdienste benutzbar, wurden aber sicher gegen die Baustelle mit Bretterwänden abgetrennt. Der Aufbau der Gewölbe, die nun als gotische Kreuzgewölbe angelegt wurden, begann mit dem Nordschiff. (...) Nach dem Abschluß dieses Bauabschnittes muß der Gottesdienst in das fertiggestellte Nordschiff verlegt worden sein. Denn jetzt war das Südschiff neu zu wölben. Seine Fertigstellung erfolgte im Jahre 1354. Als 3. Bauabschnitt wurde dann das Hauptschiff mit dem neuen Gewölbe versehen. Diese Arbeiten konnten 1377 abgeschlossen werden.“ – Danach wurden keine einschneidenden Umbauten mehr vorgenommen.

Auf die Stiftungsgeschichte der gotischen Hallenkirche als Sühnekirche weisen folgend baulichen Besonderheiten im Inneren der Kirche hin: Eine Konsole in der Nähe des heutigen Taufbeckens (darüber s. weiter unten) trägt einen Frauenkopf, der wahrscheinlich die Gräfin Mechthild von Schaumburg darstellt. Gegenüber befindet sich ebenfalls auf einer Konsole das Schaumburger Wappen über einer Totenmaske, rechts und links von einem Drachen bzw.Löwen eingerahmt. Gräfin Mechthild war in erster Ehe eine Herzogin von Braunschweig-Lüneburg gewesen. Im Lüneburger Erbfolgekrieg (1371-

1388) – das Fürstenturm war nach dem Aussterben des Älteren Hauses (1369) durch Kaiser Karl IV. den askanischen Herzögen von Sachsen-Wittenberg und nicht dem Hause Braunschweig verliehen worden – kam es 1373 bei Leveste (Barsinghausen) zu einer Schlacht zwischen Braunschweigischen Truppen unter Herzog Magnus II. Torquatus und dem Schaumburgischen Heer unter Graf Otto I. (1370-1405), in der Herzog Magnus, der Schwager der Gräfin, fiel. Sie empfand den Tod ihres Schwagers als schwere Schuld für ihr Haus und rief daher zur Sühne eine Stiftung ins Leben. So konnten die Umbauarbeiten in der Marienkirche, die durch den Krieg sicher eingestellt worden waren, vollendet werden. (W. *Stecher*)

Der Name der Kirche ist *St. Marien*. Im Marburger Universitätsmuseum sind noch Reste eines Marienaltars aus der Oldendorfer Kirche zu sehen. Ein Gedenkstein in der Wand im westlichen Teil des Nordschiffes verweist auf das Jahr 1520 für den Einbau. In der kleinen Sakristei (nördlich) neben dem Altarraum wird eine Altarplatte mit Weihekreuzen aus der römisch-katholischen Zeit aufbewahrt, die aus dieser Zeit stammen könnte.

1552 kam Eberhard *Poppelbaum* als lutherischer Prediger und Reformator nach Oldendorf und erhielt 1554 die 1. Pfarrstelle. In „Christian Gottlieb Jöchers allgemeinem Gelehrten-Lexiko worin die Schriftsteller aller Stände nach ihren vornehmsten Lebensumständen und Schriften beschrieben werden“ (1819) ist über ihn zu folgendes zu lesen: „Poppelbohm (Everhard) *ein kathol. Priester zu Oldendorf in der Grafschaft Schaumburg, der 1552 anfing, das Evangelium rein zu predigen, die Kinder in teutscher Sprache taufte und den teutschen Gesang einführte; zugleich schaffte er das Weihwasser, die Messe, die Anrufung der Heiligen, die Hora's und Aufhebung der Monstranz ab. Er fand zwar vielen Widerspruch, siegte aber und war so glücklich, sehr viel zur Einführung der Reformation in jener Gegend beizutragen.*“

In dieser Zeit wurde der Marienaltar entfernt. 1576 wurde eine Kanzel am ersten Pfeiler an der Südseite angebracht, die bis 1885 erhalten blieb. 1589 wurde die Orgel erbaut, die von 1590 bis 1885 auf einer Empore im nördlichen Seitenschiff stand.

Von einem Geschichtsschreiber der Zeit, Hermann *Ham(m)elmann* („Hamelmanni opera Westphal. pag. 845“), ist ein

Bericht über den Prediger Poppelbaum überliefert (in: „Hessisch Oldendorf 750 Jahre“ von Ch. *Wiesenfeldt*): „Eberhard Poppelbaum, Pastor in der Stadt Oldendorf, fing an, das Evangelium von Christus zu predigen, deutsche Lieder zu singen und die Kinder mit deutschen Worten zu taufen, die Metten aber, den Kanon, die Fronleichnamsprozession, das Besprengen mit Weihwasser und andere papistische abergläubische Gebräuche zu unterlassen. Ein alter Adeliger, namens Nicolaus von Büschen, pflegte mit seinem Rosenkranz dort zur Kirche zu gehen, täglich die Messe zu hören, die Heiligen anzurufen und sich mit Weihwasser zu besprengen. Dieser zeigte Eberhard Poppelbaum beim Grafen an und verlangte dessen Absetzung. Seine Durchlaucht Herr Otto besuchte also die Stadt und verhörte beide Parteien. Da traten die beiden Bürgermeister, der ganze Magistrat, die Ratsherren, die Bürger und alle Stadtbewohner für ihren Pastor ein und verteidigten ihn gegen Herrn Claus von Büschen, ja, sie wollten, um ihn zu behalten, schon zur Gewalt greifen. Da ließ der Graf die Sache unentschieden und schied von Oldendorf.“

1929 schrieb der damalige Pastor zu Hessisch-Oldendorf, Theodor *Korff*, ein Heimatspiel mit dem Titel „Eberhard Poppelbaum. Bilder aus der Reformationsgeschichte Oldendorfs und der Grafschaft Schaumburg.", das er seiner Gemeinde zum Reformationsfest widmete (1930 zu 400 Jahrfeier der Augsburger Confession). Im Anhang „Berichte und Bemerkungen“ erfahren wir einige historische Fakten zum Wirken Poppelbaums. Er bezieht sich auf die „Geschlechts-Historie“ derer von Münchhausen von *Treuer* (1740) – s. Kap. 9. Als Lebensdaten sind bei Korff ein Geburtsjahr um 1522 und das Sterbejahr 1597 genannt. Darüber hinaus zitiert er von Albert *Wehrhahn* das 1875 in Rinteln erschienene Werk „Hess.-Oldendorf und seine Schlachtfelder“, worin über die Geistlichkeit zu dieser Zeit zu lesen ist: „Poppelbaum hatte noch mehrere Geistliche neben sich, denn noch 1514 läßt die Familie von Büschen einen Nebenaltar in der Kirche errichten und stattet zu seiner Bedienung einen Vikarius aus. Der letzte Vikarius dieses Altars war um das Jahr 1563 Gerdt *Schwedt*.“

Auf die Stifterfamilien (s.o.) und die damit verbundene Ausstattung der Kirche weisen Urkunden im Pfarrarchiv und auch Schlusssteine in den Scheitelpunkten der Gewölbe hin. 1590 stiftete

Alte Weser.

Heilwig von Münchhausen geb. Büschen für den Altar ein Bild vom letzten Abendmahl (heute an der nördlichen Seitenwand im Chorraum). Im nördlichen Anbau am Chor befindet sich im unteren Stock das Erbbegräbnis derer von Münchhausen. Die Familiengruften der von Mengersen und Cordemann wurden erst im 18. Jahrhundert an den Chor angebaut. Das Taufbecken aus dem Jahr 1590 stammt aus der Werkstatt von Mante Pel(c)kinck in Hildesheim wiegt 9 Zentner, wobei jeder Zentner mit 18 Talern, also insgesamt 162 Taler, bezahlt werden musste, die von den Bürgern, die Braurecht besaßen, aufgebracht wurden. Das Taufbecken gilt als besonderes Kunstwerk der Renaissance. Die noch vor dem ersten Weltkrieg vorhandene mittlere der drei Glocken trug die Jahreszahl MCCCCCXIII [1513]. Im Nordschiff ist das Wappen einer weiteren Oldendorfer Adelsfamilie (Zeichen eines Kesselhakens), der Familie von Zersen, zu sehen. In Urkunden zwischen 1351 bis 1401 wird der Ritter Arnd Zersen als „rechte Hand" der Schaumburger Grafen immer wieder genannt, so dass er sicher beim Umbau der Kirche eine wichtige Funktion wahrnahm.

Die Höfe der Häuserreihe zwischen Kirchplatz und Lange Straße gehörten vor 1600 zum Friedhof. Bei Ausschachtungsarbeiten im 20. Jahrhundert wurden dort mehrere Reihen von Särgen freigelegt. Die Häuser zwischen Schulstraße und Kirchhof sind wahrscheinlich erst nach der Verlegung des Friedhofes 1602/05 errichtet worden. 1598 brach auch in Oldendorf die Pest aus, an der 87 Personen starben. 1599 folgte der sogenannte ‚Blutlauf' (die Ruhr), an der wiederum viele Menschen starben. Deshalb wurde ein „Todtenhoff" vor dem Ostertor neu angelegt. Auf dem Merianstich ist dort bereits eine massiv errichtete „Totenkirche zum heiligen Kreuz" abgebildet, die 1803 wieder abgerissen wurde. Die unterschiedlichen Darstellungen dieser Friedhofskapelle (oben aus dem Kupfer „Schlacht bey Oldendorp", unten aus der Topographie „Oldendorff") sind auf den nebenstehenden Seite zu sehen. Über die „Todten-Kirche" existiert im Pfarrarchiv der ev.-luth. Kirchengemeinde St. Marien noch ein „Stände-Buch" von MDCXXVIII (1728). In ihm berichtet der damalige Pastor Johann Heinrich *Dannemann*, dass er in dieser Kirche zum ersten Male den Konfirmationsunterricht abgehalten habe – nachmittags nach vollendetem Gottesdienst in der Stadtkirche. Die Totenkirche habe leer gestanden, hätte repariert werden müssen und wegen des

Andrangs an Konfirmanden und deren Eltern hätte man auch neue Stühle und Bänke angeschafft. In seinem Bericht über die neue Nutzung der Kirche nennt Dannemann auch den Totengräber Borchers und den Küster Bolte.

An dem heutigen „Alten Friedhof“ weisen noch einige erhaltene Grabsteine und –platten sowie an der straßenseitigen Pforte und Bruchsteinmauer eingemauerte alte Grabsteinfragmente (ab 1631) auf die Zeit des Merianstiches hin.

Am Kantorhaus verweist eine Inschrift auf das Jahr 1617 (ehemals Stadtschule - s. Kap. 11). Bei drei Häusern, die schon 1441 am Kirchhof erwähnt werden, vermutet F. *Kölling*, dass sie vielleicht „aus mittelalterlichen Verkaufsständen erwachsen“ seien. Das spätere Amtsgericht nahm den ursprünglichen Platz der Pfarre ein. Das jetzige Pfarrhaus war die zweite Pfarre. Das Grundstück wurde 1621 von Johann Post an die Kirche abgetreten. Dort befand sich offensichtlich ein Burgmannshof, da 1619 diese Stelle noch als „das Post’sche Haus neben Adolf Werpups Haus“ bezeichnet wurde. Zum Hof gehörten auch Zinseinkünfte aus Segelhorst und Pötzen.

1885/86 wurde die „alte, verfallene Kirche“ im neugotischen Stil vollständig renoviert, das baufällig gewordene erste Pfarrhaus gegenüber dem Kirchturm wurde 1882 abgerissen. 1964/65 erfolgte die letzte umfangreiche Renovierung, bei der auch eine Absenkung des zum Schutz vor Überschwemmungen zwischen 1805 und 1815 angehobenen Fußbodens wieder auf das ursprüngliche Niveau erfolgte.

7. Das Augustinerinnen-Kloster Mariastede

Graf Erich von Schaumburg (1474-1492) erwarb, wie zwei Urkunden im Pfarrarchiv von Oldendorf belegen, von *Statius Post* 1477 für 40 Goldgulden einen freien Burgmannshof, Greven Stede genannt, und übergab ihn urkundlich am 24. Juli 1477 den Augustinerinnen von Vechta. Der Hof lag zwischen dem Münchhausen- und dem Mengersen-Hof sowie dem westlichen Stadtwall – auf dem Merianstich am Wallturm links vom Münchhausen-Schloss zu lokalisieren.

Die Familie *Post* ist mit Ludwig Post bereits in einer Urkunde des Propstes Bruno von Schaumburg von 1242 als Burgmanne der Schaumburg erwähnt. Zwischen 1215 und 1222 wird in einer weiteren Urkunde ein Friedrich Post als schaumburgischer Burgmanne genannt. Die Familie Post gehört somit zu den ältesten später in Oldendorf ansässigen Familien von ehemaligen Burgmannen. 1298 ist dann ein weiterer Friedrich Post auch in der Stadt Oldendorf nachweisbar. 1377 statteten Johannes Post, Richards Sohn, und sein Sohn Justatius einen neuen Altar in der Kirche von Oldendorf mit 3 Hufen in Welsede und 3½ Hufen in Segelhorst aus, wie ebenfalls eine Urkunde im Pfarrarchiv belegt. Diese Stiftung wurde bis 1820 immer wieder bestätigt. Im späten Mittelalter waren die von Poste mit mehreren Höfen belehnt.

Der Name *Greven Stede* bedeutet Stätte (mittelhochdeutsch: stete) des Greven (Greve: niederdeutsch-westfälisch für Verwaltungsbeamter, Vogt, Aufseher – abgeleitet von Graf). Das Wort *stede* (= Stätte) wurde wieder aufgenommen (vergleiche „die heiligen Stätten“) – in Mariastede. Der Burgmannshof Greven Stede wurde vom Grafen Erich den Augustinerinnen zu Vechta zur Gründung eines Schwesternhauses übereignet. Die Urkunde darüber befindet sich in der „Sammlung zur Geschichte der Grafen von Schaumburg“ im Staatsarchiv in Hannover. Vechta war noch früher als Oldendorf, zwischen 1216 und 1220, gegründet worden – unter gleichzeitiger Verleihung der Stadt-, Münz-, Zoll- und Marktrechte. 1252 kam die Stadt unter die Herrschaft des Bischofs von Münster. Der im Mittelalter gegründete Augustinerorden war weit verbreitet, die angeblich vom heiligen Augustinus (354 bis 430) stammenden Regeln wurden im 12. Jahrhundert aufgestellt. Die vier Grundelemente der augustinischen Regeln sind: die Gemeinsamkeit, die manuelle Arbeit, der geregelte Tagesablauf und das Fehlen einer besonderen Askese. Augustinus kommt das Verdienst zu, die mittelalterliche Kurzformel des abendländischen Mönchtums „ora et labora" (bete und arbeite) geprägt zu haben (Peter *Hawel*: Klöster, München/Zürich 1982).

P. *Hawel* schreibt auch über die *Augustinerinnen*: „Eine weitere Blüte erreichte die Augustinerregel im Institut der Kanonissen. Kanonissen sind Frauen, die sich ohne Gelübde – allein die Äbtissin machte hier eine Ausnahme – zu einem zeitlich begrenzbaren, gemeinschaftlichen Leben verpflichteten."

1480 kauften die Augustinerinnen einen zweiten Burgmannshof von Heinrich Wet(h)berge und seinen Söhnen Friedrich, Heinrich und Gerd. Dieser Hof wurde in einer Urkunde des Stadtarchives auch „der Hof des stummen Post" genannt. So entstand das *Süsternhaus* [Schwesternhaus] *Mariastede*. Das Kloster existierte von 1477 bis 1606; der Straßenname Klosterstraße, der frühere Zugangsweg (von der Weserstraße, hinter dem Gutshof von Münchhausen, heute Von-Ahlefeld-Straße), erinnerte noch im 20. Jahrhundert daran. Diese kirchliche Wohlfahrtseinrichtung gewährte alleinstehenden Frauen vor allem im Alter Schutz und Versorgung. Aufgrund der zahlreich vorhandenen Urkunden ist ihre Geschichte gut dokumentiert und von F. *Kölling* auch ausführlich dargestellt worden.

Die Augustinerinnen durften sich auf den Höfen ein Schwesternhaus mit eigener Kapelle und zwei bis drei Altären sowie einen eigenen Kirchhof einrichten. Sie bekamen das Recht für einen eigenen Priester, für sich und ihr Gesinde. Von städtischen Diensten und Abgaben blieben sie frei, sie durften Woll- und Leinentuch verkaufen und für ihren eigenen Bedarf in und außerhalb von Oldendorf einkaufen. Wie auch die Burgmannen und Bürger genossen sie Verkehrsfreiheit. Aus weiteren Urkunden im Pfarrarchiv geht hervor, dass sie auch die Erlaubnis hatten, eine freie Mahl-, Walk- und Ölmühle zu erbauen und 7-8 Hufen Land zu erwerben. Diese Rechte erhielten sie vom Grafen Erich von Schaumburg. Die Stadt Oldendorf gab dazu ihre Zustimmung und sie erlaubte zusätzlich, dass die Augustinerinnen ihr Vieh gegen ein Entgelt in die städtischen Gehege treiben dürfe. Gegen die jährliche Zahlung von einer Mark waren sie von den Verpflichtungen der Burgmannshöfe, die zur Herstellung der Weserbrücke, Ausbesserung der Wege und Stege und Anlegung neuer Gräben notwendige Mittel mit zu finanzieren, befreit.

Noch im Jahr der Gründung, am 27. September 1477, erhielt der Konvent auf Vermittlung des Priors des Augustiner-Chorherrenstiftes in Möllenbeck vom Bischof Heinrich von Minden die Erlaubnis, die Augustinerinnen-Regel unter Beibehaltung auch der bisherigen Tracht anzunehmen. Die Statuten von Mariastede wurden vom Prior von Möllenbeck bestätigt. Sie beinhalteten eine strenge Disziplin, für Übertretungen wurden Strafen festgelegt. Die Gründung des Klosters Möllenbeck war 896 von Kaiser Arnulf von Kärnten (ostfränkischer Kaiser seit 887, römisch-deutscher Kaiser 896) bestätigt worden. 1441 war das freiadelige Benediktinerinnenstift durch den Bischof Albert von Minden aufgelöst und das Kloster den Augustinern übergeben worden. 1479 begann ein umfassender Wiederaufbau von Kloster und Kirche. Nach Einführung der Reformation führte es der damalige Prior nach 1560 als weltliches Kanonikatsstift weiter und erst in den Wirren des Dreißigjährigen Krieges wurden die Chorherren dann vertrieben.

Dass auch das Kloster in Oldendorf bald zu Wohlstand gelangte, verdeutlicht die Tatsache, das bereits 1509 die städtische Jahresabgabe von einer Mark durch ein Kapital von 10 Goldgulden abgelöst werden konnte. Außerdem konnte das Kloster in der Folgezeit auch selbst Kapitalien ausleihen – so 1551 dem Grafen Otto IV. (1544-1576) 120 Goldgulden gegen die Bansieksmühle als Pfand. Im Steuerregister von 1549 werden 60 steuerpflichtige Personen als Insassen des Klosters gezählt.

Mit der Einführung der Reformation 1552 – Beginn der reformatorischen Tätigkeit von Eberhard Poppelbaum (s. Kap.6); offiziell in der Grafschaft Schaumburg erst ab 1560 – begann der Niedergang des Klosters. 1604 ist der Tod der fast 100 Jahre alten „Meisterin Lueke Sandmeyer“ verzeichnet; nach dem Tod von zwei weiteren Bewohnerinnen verließ 1606 auch die letzte Schwester das Kloster Mariastede. Damit fiel des gesamte Besitz an den Grafen von Schaumburg zurück, an Fürst Ernst Graf zu Holstein und Schaumburg (1601-1622). Er verkaufte die Gebäude mit allem Zubehör, Renten und Landzinsen an die Stadt Oldendorf für 1000 Reichtaler. Das Kloster hatte auch ein Münzhaus besessen, wofür die Stadt weitere 150 Taler zu zahlen hatte, wobei sich der Graf die Benutzung jedoch auf Lebenszeit vorbehielt. Die Gebäude des Klosters sollten als Schule und für Wohnungen verwendet werden (s. auch Kap. 11), aus den jährlichen Einkünften waren dem Pastor 6 Goldgulden zu zahlen. Aus Kämmereirechnungen geht hervor, das die Klostergebäude auch bestimmungsgemäß genutzt wurden. 1639 wird die Wohnung des Konrektors im Kloster erwähnt, 1653 wohnten fünf Familien gegen einen jährlichen Mietzins von 3 Talern im Kloster. Noch im 17. Jahrhundert sind die Gebäude wahrscheinlich abgebrochen worden, denn auf dem Stadtplan von 1748 sind sie nicht mehr eingezeichnet.

Die Grundstücke wurden 1770 an die Höfe von Münchhausen und Mengersen verkauft, aus ihnen entstanden Gärten. F. *Kölling* schreibt zu Beginn der fünfziger Jahre des 20. Jahrhunderts, dass dort, wo vor Jahrhunderten kirchliches und wirtschaftliches Leben geblüht habe, heute ein vom alten Stadtwall umschlossener stiller Garten läge und nur der Name Klosterstraße noch an die alte Kulturstätte kirchlicher Wohlfahrt erinnere.

8. Die Burgmannshöfe an der Südstraße

Im Zusammenhang mit der Gründungsgeschichte (Kap. 2) und den Befestigungen der Stadt (Kap. 5) wurden die beiden Burgmannshöfe mit einem Bergfried in der Südstraße bereits erwähnt.

Für die Familien Post und Wed(th)berge sind in der Südstraße bereits im 16. Jahrhundert Höfe mit Burgsitzen, die Bergfriede besaßen, urkundlich bezeugt. Insgesamt sind 12 Höfe, sogenannte Ministerialenhöfe (Ministeriale hier als Burgmannen der Schaumburger Grafen) bekannt, von denen 10 im Südteil der Stadt lagen – von der Einmündung der Südstraße in die Lange Straße bis zur Weserstraße waren es der Raschen-Hof, der Paternhof, der Poste-Hof und der Campen-Hof; letztere auch im Besitz der von Post und Wethberge (nach F. *Kölling*). Der sogenannte Pater(n)hof des Bistums Minden wird in einem alten „Weserbuch" (von August *Engel*, erschienen in Hameln 1845) als „eine Kolonie des Klosters Simeonis (...) zur Verwaltung des jenem Stifte gehörigen Bezirks am Süntel" bezeichnet.

1527 wurde Statius Rasche, Bürger von Hameln, mit einem „friggen Borchhof tho Oldendorp unter Schomburch vor der Osterdore belegen" belehnt. Eine Urkunde von 1535 des Stadtarchivs zeigt die Lage dieses Hofes. Zu dieser Zeit war der Raschen-Hof bereits wieder wüst (nicht bewohnt).

Harmening schreibt über die Stadthöfe des niederen Adels u.a.:
„Die Lehenshöfe unterschieden sich bezüglich Größe, Lage und Struktur derart von den relativ gleichförmig angelegten Bürgerparzellen, daß trotz wiederholter Veräußerung und Aufteilung wie auch des Verlustes fast aller alten Gebäudesubstanz ihre Lage und ihr besonderer Charakter im Stadtbild und im –grundriß ablesbar geblieben ist.
Im Gegensatz zu den an den Hauptstraßen eng gereihten multifunktionalen, als Fachwerkkonstruktion ausgeführten Bürgerhäusern waren ministeriale Wohn- und Wirtschaftsbauten getrennt angeordnet, die in der Regel massiv errichteten Wohnhäuser von der Straße zurückgesetzt. Die Wirtschaftsbauten dagegen waren zweckentsprechende Fachwerkbauten."

Aus den Lehensakten, die F. *Kölling* zitiert hat, sind sogenannte Kemenaten (Wohntürme mit Feuerstätte = Kamin) für den Postschen Hof, Südstraße 15 bereits 1548 und für den Wethberg- bzw. von Campeschen Hof, Südstraße 17 – Marktplatz 13, 1534 bzw. 1684 nachweisbar, die im Merianstich auch in stilisierter Form überliefert sind. Östlich des Wesertores sind einige weitere Kemenaten innerhalb der größeren Zahl von Bürgerhäuser erkennbar. Auch F.Kölling geht davon aus, dass weitere, vor allem am Wall gelegene Höfe ebenfalls Bergfriede aufwiesen.

Die Wohnbauten der Adeligen waren aus Stein erbaut, besaßen massive Hochkeller bzw. unterkellerte Säle. Beim Abriß des „Oberförsteretablissements“ um 1900 konnte aus dem Grundriß die Überbauung und Umnutzung eines älteren Steinwerks mit einer Grundfläche von 6,6 m x 9,4 m = 63 m^2 festgestellt werden. Die gesamte Hofanlage wies eine burgähnlich geschlossene Gebäudeanordnung auf. Der Innenhof war nur durch eine Einfahrt zugänglich. Um ihn gruppierten sich Gebäude mit bestimmten Funktionen. Typische Gebäude der damaligen Zeit waren das Pforten- oder Torhaus, die Wagenhalle, das Kutscherhaus mit dem Pferdestall, Stall, Scheune, Wohn-/Herrenhaus. An zwei Stellen sind auch heute noch Mauerreste der Einfriedungen aus dem 16./17. Jahrhundert zu erkennen: am ehemaligen von Postschen Hof, Südstraße 13/15, und am Münchhausenhof in der Weserstraße 16.

Die Hofgrundstücke der gräflichen Burgmannen wiesen Abmessungen zwischen 35 x 35 und 75 x 100 Meter auf. Die räumliche Verteilung, schwerpunktmäßig im Süden, wahrscheinlich nur zwei im Nordosten und Nordwesten hat wohl vorwiegend strategische Gründe. Außerdem gab es keine wirtschaftliche Notwendigkeit für eine Ansiedlung in der Nähe des Marktes oder an der Langen Straße wie für die gewerbetreibenden Bürger. Die Adeligen bezogen ihre Einkünfte von den Gütern, der Besitz eines Stadthauses bedeutete aber auch die Marktzulassung.

Bereits in einer Urkunde zwischen 1215 und 1222 wird ein Burgmanne mit Namen Friedrich Post genannt. Auch der auf der Stadtkarte von 1748 als Campescher Besitz eingetragene Burgmannshof in der Südstraße gehörte vor 1476 den Rittern Heinrich und Hugo Post. Sie verkauften ihn im selben Jahr an Arnold von Wetberge. Dieser erwarb gleichzeitig den Hof Stau von einem Dietrich Roell. Für den Hof Stau erhielt Wetberge nach F. *Kölling* vom Grafen Otto (wahrscheinlich der Dritte, regierte von 1492 bis 1496) dieselbe Burgfreiheit wie seinen Oldendorfer Hof. Somit wurde aus dem Hof Stau am Ende des 15. Jahrhunderts ein Rittergut. 1534 wurde Tönnies von Wetberge mit dem freien Hof in Oldendorf – mit einem „Bergfrede“ (s.o.) – belehnt, wahrscheinlich unter der Regierung des Sohnes Adolf (gest. 1556) von Jobst I. von Schaumburg-Gemen (1527-1531), dem späteren Erzbischof von Köln, dem sein Bruder Otto IV. in der Regierung der Grafschaft von 1544-1576 folgte.

Die Familie von Campen kam auf folgende Weise auch zu Besitz in Oldendorf. Ludolf von Campen auf Poggenhagen bei Wunstorf heiratete vor 1560 die Tochter Gisela des Tönnies von Wetberge. Er bekam 1566 zur Zeit Graf Otto IV. (1544-1576) den Hof übertragen. Weitere Belehnungen sind nachweisbar für 1589 an Melchior von Campen, 1618 an Tönnies von Campen und 1644 an Christoph Friedrich von Campen.

Kommen wir auf die Familie Post und ihren Stammsitz auf dem Gelände des Forstamtes zurück. Sie gehört zu den Familien, die in der Grafschaft Schaumburg im hohen Mittelalter auf mehreren Höfen vertreten war. Der Grabstein des Johann Post, gest. 1568, befindet sich rechts vom Südeingang der Kirche, der Grabstein des Sohnes von Johann Post, Hilmar Post, gest. 1587, wird im Turm aufbewahrt. 1905 starb die Familie in Deutschland aus.

Im 17. Jahrhundert verließen viele Burgmannen ihre Höfe in Oldendorf und traten in die Dienste fremder Herrscher. Ihre Höfe überließen sie sogenannten Konduktoren (neulat. Conductor = Führer) oder auch Pächtern.

8. Das Münchhausen-Herrenhaus

Der Münchhausen-Hof war einer der größten schaumburgischen Burgmannen-Höfe. Seit dem 14. Jahrhundert war er im Besitz der Familie *Büsche*. In Verbindung mit diesem Ritterhof war auch ein zweiter Burgmannshof in der Nordostecke der Stadt, direkt am Wall, als Lehen vergeben worden. Von 1475 stammt eine Lehensurkunde des Grafen Erich von Schaumburg (1474-1492), in der drei Vettern Büschen zwei Burghöfe und 10 Hufen Land mit dem halben Zehnten als Erbmannlehen verliehen werden. (F. *Kölling*) Mit Claus Büsche, der das Lehen 1527 erhielt, starb 1559 die männliche Linie der Büschen aus. Sein Erbe trat 1560 Börries von Münchhausen aus dem Hause Apelern an, der mit der Tochter Heilwig des Claus Büsche verheiratet war.

Ein Nachfahre dieses Börries von Münchhausen, der Balladendichter *Börries Freiherr von Münchhausen* (1874-1945) schrieb unter der Überschrift „Klaus Büschens feierlicher Verzicht" folgende Geschichte:

„Klaus Büschen, der Vater der Heilwig Büschen, kündigte 1559 seine Lehen zugunsten seiner Schwiegersöhne Franzens von Kramm und des eben genannten Börries, und diese beiden erhielten auch vom Landesherrn die Güter zugesprochen. Treuer [Samuel Treuer, Prof. in Göttingen und Historiograph der Familie von Münchhausen, s. auch weiter unten] erzählt:
‚Anno 1559 hat Claus Büschen seine beiden Töchter und Schwiegersöhne zu sich gefordert und ihnen vor Notaren und Zeugen auch in Gegenwart verschiedener Herren, alle seine Lehen, Erben und Güter übergeben, auch die Verwaltung derselben und die Herrschaft über seine eigenen Leute anbefohlen, ob er gleich frisch und gesund gewesen. Er ist darauf völlig angekleidet (gerüstet) aus seinem Hof auf die Straße gegangen und hat sich daselbst eine gute Weile aufgehalten, bis ihn seine Schwiegersöhne als einen Fremden genötigt und zu Gaste (herein) gebeten. Wozu die Urkunde sowohl als der Bericht des evangelischen Predigers Poppelbaum zu Oldendorf mehrere Umstände beibringen. Acht Tage darauf ist er in einen

anhaltenden Schlummer verfallen, bettlägerig worden und wenige Tage darauf im Beisein seiner Töchter und Schwiegersöhne verstorben. – Er ist mit seiner Familie eifrig römisch-katholisch gewesen bis 1552, da er mit seinen Töchtern die evangelische Religion angenommen, und nachher so eifrig evangelisch als vorher päpstlich gewesen.' So ist also von diesem Vorfahren in der wunderlichen Feierlichkeit Oldendorf an meinen Ahn Börries übergeben worden, das dann jahrhundertelang bei unserem Namen war."

Aus einer Fußnote erfahren wir den Zusammenhang mit dem Dichter Börries von Münchhausen:
„Börries und Heilwig hatten 12 Kinder und 97 Enkel, von denen allerdings, als sie 1599 starb, leider nur noch 53 am Leben waren. Doch glich sich der Verlust wieder aus, denn 1670 erzählt Clamor v. d. Busche in einem Gedicht, daß zur Zeit 944 Nachkommen des Ehepaares lebten. Von diesen 944 waren zwei, nämlich Ernst (verh. v. Ditfurth) und sein Sohn Börries (verh. v. Voß) meine Vorfahren."

Börries von Münchhausen fährt fort:
„Börries hatte eine glückliche Hand, wie denn überhaupt in der Geschlechtsfolge immer ab und zu einer auftaucht, der eine Menge Grundbesitz zusammenbringt. Meist versickern die Güter dann bei den Söhnen, Enkeln und Urenkeln, bis wieder ein Lebenstüchtiger und Kluger auftaucht, der mehr erwirbt als abgibt. Börries hat zusammengebracht: Oldendorf, die Mindenschen Lehen, Schönhagen, Rummecke, den Sattelhof zu Lindhorst, Köbbensen, den Niederen Hof in Hemeringen, den Freien Hagen zu Denzigenhausen, Lauenau (für 12 650 Gulden und 3000 Taler), die nicht näher genannten Güter seines in Schulden verfallenen Vetters Christof, die sämtlichen Güter seines Schwagers von Kramm und einen Teil der Güter seines Vetters Magnus.
Er starb 1583, seine Ehefrau Heilwig überlebte ihn 16 Jahre. Sein Grabstein steht in Apelern. Er ist der älteste der Vorfahren, von denen ab wir in ununterbrochener Folge des Namens bis heute Bildnisse besitzen. Wenn ich meinen Sohn mit eins und mich mit zwei zähle, so trägt er die Nummer zehn der Geschlechterfolge im Bilde."

Die goldeloxierte Aluminiumtafel des Heimatbundes an der Einfahrt zum Münchhausen-Herrenhaus verzeichnet folgende Daten:
„*Aus der Geschichte des Münchhausen-Schlosses*

1300-1400 Bedeutendster Ritterhof der alten Grafschaft Schaumburg im Besitz der Familie von Büschen. Familienwappen von 1536 an diesem Torpfeiler. 1557 Heilwig von Büschen heiratet Börries von Münchhausen. 1583 Börries von Münchhausen beginnt mit dem Bau des heutigen Weserrenaissance-Schlosses. 1570-1640 Ludolf von Münchhausen legt für 100 000 Taler eine einzigartige wissenschaftliche Bibliothek an, die aber nach seinem Tode wieder verloren ging. 1783 Die Münchhausen bewirtschaften ihren Ritterhof nicht mehr selbst, sondern verpachten ihn. Ab 1947 nicht mehr im Familienbesitz des Geschlechtes von Münchhausen."

Mit Christoph von Münchhausen war diese Familie aber schon vor Börries zu Lehnsbesitz in Oldendorf gelangt. Der Burgmannshof am Nordostwall war in seinen Besitz gekommen. Auch darüber erfahren wir Einzelheiten sowohl bei F. *Kölling* als auch bei *Börries von Münchhausen*. Das Lehen der drei Vettern Büschen von 1475 war 1512 an Borchert Büschen und 1527 an Rabode Semele und Claus Büsche übergegangen. Nach dem Aussterben der Familie Sem(m)ele nahm Christoph (Christoffer) „eigenmächtig deren Burghof zu Oldendorf ein." 1555 kämpfte Christoph von Münchhausen gegen die Russen in Livland, wo er 1558 Reval ein Jahr lang gegen den Ansturm der Russen verteidigt habe. Über das Ende dieses „wilden Lebens" dieses Christophs ist nichts näheres bekannt. Der genannte Hof blieb bis 1867 im Besitz der Familie von Münchhausen.

Das bis heute erhaltene Herrenhaus, dessen Vollendung Börries von Münchhausen nicht mehr erlebt hat, stellt sich als eine „doppelgeschossige Zweiflügel-Anlage mit polygonalem Treppenturm in der einspringenden Ecke" dar (R. *Harmening*) „Stilelemente der Weserrenaissance wurden von den unbekannten Baumeistern sparsam, vorzugsweise in den Giebeln verwendet. Die weserwärts gelegene Südfassade mit den volutengeschmückten Treppengiebeln fungierte schon immer als Merkzeichen Oldendorfs..."

Als Volute werden schnecken- oder spiralförmig eingerollte Formen, in der Renaissance bevorzugt an Giebeln, bezeichnet.

Dass die Weser früher am Herrenhaus direkt vorbei floss, machen auch die beiden noch deutlich erkennbaren „Schwalbennester – „stille Örtchen" hoch oben deutlich, die durch man ungeniert in die vorbeifließenden Weserarm entsorgte. Im Merianstich ist die Südansicht des Münchhausenschen Herrenhauses eindrucksvoll wiedergegeben. Nur wenige Einzelheiten stimmen mit der Realität nicht überein – z. B. sind auf dem Stich vier anstatt der drei Treppengiebel eingezeichnet. Auch die ist wohl die Anzahl der Fenster willkürlich gewählt. In diesem Rittergut-Herrenhaus, häufig auch Schloss genannt, befand sich zeitweise die Bibliothek des Ludolf von Münchhausen.

Ludolf von Münchhausen (geb. 1570 in Apelern, gest. am 21. September 1640 in Oldendorf) weilte bereits 1572 bis 1576 zur Erziehung bei seiner Großmutter in Oldendorf. Er besuchte die Schule des Klosters Möllenbeck und wurde von 1582 bis 1584 zusammen mit dem jungen Grafen Ernst zu Schaumburg (1569-1622) in Stadthagen erzogen. 1584 bis 1586 war Ludolf von Münchhausen Schüler der Catharinnen-Schule (das Katherineum) in Braunschweig, danach studierte er an den Universitäten in Basel, Straßburg und 1588 in Genf. Daran anschließend begab er sich auf Reisen durch Europa, die ihn nach Frankreich, Belgien, Holland, England, Schottland, Norwegen, Schweden, Dänemark, Ungarn, Polen, Mähren und Österreich geführt haben sollen. 1594 ist Ludolf von Münchhausen wieder zu Hause und erhält nach der Erbteilung durch Losentscheid die Güter in Oldendorf und Remeringhausen. Er beginnt 1595 mit der Anlage seiner Bibliothek, zu der er auch einen Katalog verfasst. 1600 heiratet er die fünfzehnjährige Anna von Bismarck, „mit der er eine ungemein vergnügte und fruchtbare Ehe geführet" (*Treuer*). 1612 vergrößert er seinen Besitz durch Ankäufe von Gütern im Amt Sachsenhagen. 1619 werden ihm vom Grafen Ernst die Lehen über die Oldendorfschen Güter erneuert.

„Eins seiner größten Vergnügen [aber] bestunde in Sammlung nützlicher und rarer Bücher von allerhand Wissenschaften, auf deren Lesung er die mehrste Zeit verwandte, so er seinen nöthigen Geschäften abbrechen konnte" (*Treuer*). Seine Bibliothek wird in mehreren Schriften des 17. Jahrhunderts beschrieben, so auch in der Rintelner Rede des Arztes und Dichters Peter *Lotichius* (1631) mit einem lateinischen Epigramm auf die Bibliothek. Nach Treuer enthielt die Münchhausensche Bibliothek Werke deutscher, lateinischer, griechischer, arabischer, hebräischer und ägyptischer Autoren. Neben theologischen, philosophischen, historischen und politischen, dichterischen und philologischen Schriften sind offensichtlich auch mathematische, medizinische (speziell chirurgische), chemische und auch musikalische Werke vorhanden gewesen.

Dass die Münchhausensche Bibliothek sich zuletzt in Oldendorf befand, erfahren wir aus folgender Angabe des Börries von Münchhausen: „Aber mein Vorfahr hat offenbar sehr schlechte Erfahrungen mit dem Verleihen von Büchern gemacht (...). Immer wieder mahnt er um Rückgabe solcher und schreibt einmal (1634) auf die Rückseite eines Briefes: ‚Ich werde hierfür aus meiner Oldendorfischen Bibliothek Keynandt (niemand) Bücher mehr lehnen, derselben man darum an mich nicht mehr schreiben wolle.“ Eine weitere Stelle bei Börries von Münchhausen belegt nochmals die Oldendorfsche Bibliothek: „Schließlich beschloß er seiner lieben Bücher willen, die in seinem Oldendorfer Haus standen, von Remeringhausen fort in die Stadt zu ziehen. Er starb am 23. [21.9. in Oldendorf] September 1640, müde und versorgt von den Nöten des Krieges, der ihm fünf Söhne genommen hatte...
Leider konnten seine Kinder – er hatte deren 18 – sich nicht um diesen Teil des Erbes vertragen, und so wurde dieser Schatz, der heute als geschlossene Sammlung unsäglich kostbar wäre, versteigert.“

Ludolfs Erben forderten 1654 für diese bedeutende Renaissancebibliothek 16 000 Taler – die von A. Wehrhahn 1875 tradierten 100 000 Taler sind somit nicht belegbar. Falls es sich bei dieser Summe um die Kosten der Ankäufe handelte, die ja aus Rechnungsbücher feststellbar waren, kann der Bestand der Bibliothek auf vielleicht 14 000 Werke geschätzt werden (s. dazu auch Brage *Bei der Wieden*). Von Ludolf von Münchhausen sind auch Aufzeichnungen über den Verlauf des Dreißigjährigen Krieges in Oldendorf überliefert (s. Kap. 10).

Vor der Südseite des Herrenhauses befindet sich eine zweite (neuere) Tafel mit Informationen *„Aus der Geschichte des Münchhausen-Burghofs“* mit folgenden wesentlichen Daten, welche die Informationen am Torpfeiler (s.o.) ergänzen:
1300-1400 Bedeutendster Burgmannshof der alten Grafschaft Schaumburg im Besitz der Familie von Büschen
1552 Metta von Holle, die Ehefrau des Claus von Büschen, ist maßgeblich an der Einführung der Reformation in Oldendorf und der al-

ten Grafschaft beteiligt. Wegen ihrer vielen mildtätigen Stiftungen nannte sie der Volksmund „Mutter der Stadt Oldendorf“
1559 Claus von Büschen übergibt kurz vor seinem Tod den Burgmannshof an seinen Schwiegersohn und Erben Börries von Münchhausen
1578-1585 Heilwig von Büschen und der in spanischen Diensten reich gewordene Börries von Münchhausen erbauen auf einem zuvor gekauften Stück des mittelalterlichen Stadtwalles den alten Burghof vollkommen neu im Stil der Weserrenaissance
1588 Claus von Münchhausen und Ursula von Quitzow feiern im neuerbauten Festsaal ihre Hochzeit, die als größte bekannt gewordene Hochzeit in den Weserlanden gilt
1570-1640 Ludolf von Münchhausen legt für 100 000 Taler eine einzigartige wissenschaftliche Bibliothek an, die aber nach seinem Tode wieder verloren ging
1783 Die Familie von Münchhausen verpachtet ihren Burghof
1966 Nicht mehr im Familienbesitz des Geschlechts von Münchhausen

10. Das Bild der Stadt zur Zeit der Schlacht 1633

Das „Handbuch der historischen Stätten Deutschlands“, Ausgabe Niedersachsen/Bremen (1986) führt unter *Hessisch Oldendorf* vor allem dessen planmäßige Stadtgründung durch die Grafen von Schaumburg unweit des gräflichen Stammsitzes in der ersten Hälfte des 13. Jahrhunderts (s. Kap. 3), die Zollstätte am Weserstrom mit Brücken seit etwa 1400 (s. Kap. 4), das Augustiner-Schwesternhaus seit 1477 bis zur Reformation (s. Kap. 7) und den Münchhausen-Hof (s. Kap. 9) auf. Nach diesen Informationen in 11 Zeilen folgt ein doppelt so langer Text über die *Schlacht bei Oldendorf.* Er lautet:
„Im Rahmen des großen Geschehens während des 30j.[jährigen] Kr.[ieges] bildete die Schlacht bei O. am 28. 6. 1633 nur eine Episode, obwohl sich hier insgesamt fast 30 000 Mann gegenüberstanden. Um der belagerten Festung Hameln Entsatz zu bringen, war das ksl. [kaiserliche] Heer von Minden her auf den Höhen von Segelhort n.[nach] der Stadt aufmarschiert. Ihm standen die evg.[evangelischen] Truppen unter Hz.[Herzog] Georg v. Calenberg gegenüber. Obwohl die Schlacht mit einem glänzenden Sieg der Evangelischen endete sowie ihre politischen Auswirkungen nicht gering waren, wurden sie von größeren Ereignissen überschattet (½ Jahr nach dem Tode Gustav Adolfs und ½ Jahr vor der Ermordung Wallensteins); aber zum ersten Mal in der neueren Kriegsgesch.[ichte] war ein Treffen wesentlich durch den Einsatz der Artillerie entschieden worden (Zermürbung der Kaiserlichen schon vor Beginn des Kampfes). Die Unmenschlichkeit des 30j. Krieges wird durch eine erbitterte Anklageschrift des ksl.[kaiserlichen] Generals beleuchtet, wonach die Mehrzahl seiner Soldaten nicht in der Schlacht, sondern auf der Flucht von erbitterten schbg.[schaumburgischen] Bauern erschlagen worden seien. Während in Ausführung des ksl. Restitutionsediktes die Klöster und die Universität Rinteln bereits wieder kath. Mönchen übergeben worden waren, wurde und blieb die Grfsch. Schaumburg infolge der Schlacht bei H.-O. ein evg. Land.“

Die Autoren dieses Textes, die als Quellen F. Köllings Bücher über Oldendorf (1956) bzw. Die Schlacht bei Oldendorf (1959) nennen, sind die Archivdirektoren Dr. *Brosius* (Hannover) bzw. Dr. *Engel* (Bückeburg).

Am Schützenplatz (Barksener Weg) steht ein Denkmal zur Erinnerung an die Schlacht bei Oldendorf von 1633. Der unveränderte und ungekürzte Originaltext auf der goldeloxierten Tafel lautet:
„*Wohlstand und kulturelle Blüte...*
...versanken in den Wirren des Dreißigjährigen Krieges der auch das Weserbergland schwer heimsuchte. 1633 kam es bei Hessisch Oldendorf zur Schlacht zwischen den Kaiserlichen, die der belagerten Festung Hameln Entsatz bringen wollten, und den evangelischen Truppen unte Führung des Herzogs Georg von Calenberg. Sie endete mit einem glänzenden Sieg der Protestanten. Zum ersten Mal in der Kriegsgeschichte wurde der Ausgang eines Treffens durch bewegliche Artillerie entschieden. Die Mehrzahl der fliehenden kaiserlichen Soldaten wurde durch die erbitterten Bauern erschlagen.“

In einem alten „Weserbuch“ von 1845 (Ein erklärender Wegbegleiter auf der Weserreise, von August *Engel*) ist zu lesen: „Nördlich von der Stadt ist Segelhorst (oder Siegelhorst) zu beachten, wo am 28sten Juni 1633 das unter Graf Merode stehende kaiserliche Heer, von den Verbündeten unter Führung des Herzogs von Kalenberg geschlagen wurde. Der Rittmeister Kurd Meyer, welcher aus Segelhorst gebürtigt und hier ehemals Schäferbursch gewesen war, entschied durch seine Ortskenntniß größtentheils das Schicksal des Tages.“

Die Grafschaft Schaumburg blieb in den ersten Jahren des Dreißigjährigen Krieges (1618-1648) noch von Kämpfen verschont. Erst 1623 überfiel Herzog Christian von Braunschweig (gest. 1626), „der tolle Christian“ genannt, den Süden der Grafschaft. In Oldendorf wurde ein Kriegsmagazin angelegt, in welches große Mengen an Lebensmitteln geliefert werden mussten. Im Kirchenbuch der Stadt ist mit dem Datum des 31. März 1623 die Beerdigung des Hans Sipke verzeichnet, „der boshaftiger Weise von einem Soldaten durch beide Beine geschossen“ worden war. Herzog Christian wurde am 8. August 1623 bei Stadtlohn im westlichen Münsterland von den Truppen des Feldherrn Tilly von der katholischen Liga besiegt. 1623/24 verlegte Tilly einen Teil seiner Truppen in die Grafschaft Schaumburg in das

Winterquartier. So war der Krieg auch in diese Region gekommen, das Land musste auch in den folgenden Jahren unter durchziehenden Truppen und Einquartierungen leiden. In der Folge traten auch Seuchen in Oldendorf auf, so 1623 die Ruhr und 1626 die Pest. Von 1623 bis 1626 verringerte sich die Bevölkerung der Stadt um fast ein Viertel. Bürger und auch Ministeriale verließen die Stadt, nur die Familien von Mengersen, von Post, von Busch und von Münchhausen blieben in dieser Zeit noch ansässig. Die Stadt hatte hohe Kontributionen (Kriegssteuern) aufzubringen, die nach F. *Kölling* für die Zeit von 1625 bis 1628 fast 35 000 Taler (heute mehrere Millionen) betrugen. Der Wohlstand der Friedensjahre war damit vernichtet.

Von *Ludolf von Münchhausen* (s. Kap. 9) sind auch Aufzeichnungen aus dieser Zeit erhalten geblieben, die uns Brage *Bei der Wieden* anhand jährlicher Haushaltsrechnungen übermittelt hat (s. Literaturverzeichnis). Ludolf von Münchhausen berichtet, dass am Tag nach dem Begräbnis des Fürsten Ernst in Stadthagen am 22. März 1622, „Kriegsleute in das Ampt Schaumburg" eingefallen seien. Am 11. März 1623 sei Graf Christian auch „durch Oldendorp nach Rinttelen" gezogen. An diesem Tag seien Knyphausische Pferde auf seinen Hof gekommen, am 17. März sei der Obrist Knyphausen wieder abgezogen. Dodo von Knyphausen stammt aus Lütetsburg in Ostfriesland (geb. 1583) und wurde am 10. Januar 1633 vor Beginn des Weserfeldzuges im Dienste der Krone Schwedens zum Feldmarschall ernannt. Am 12. Mai sollte „ein entlauffener Schelm untter den Soldaten zu Oldendorf auff dem Markte gehencket werden" – der Strick aber löste sich und dem Verurteilten wurde deshalb des Leben geschenkt. Er musste schwören, weder in der Grafschaft Schaumburg noch im Herzogtum Braunschweig für das Todesurteil Rache zu üben. Von Münchhausen berichtet weiter, dass am 12. Juli 1625 König Christian I. von Dänemark sein Hauptquartier in Oldendorf gehabt habe und am 14. Juli weiter nach Hameln marschiert sei. Am 25. Juni 1626 trieben dreißig Soldaten, aus Rinteln kommend, Oldendorfer Bürgern ihre Kühe weg. Von Münchhausen berichtet weiter, dass die Bürger ihre Kühe bei Großenwieden wieder in ihren Besitz bringen konnten, dabei aber zwei Bürger und etliche Soldaten erschossen worden seien.

Der Baron knüpfte offensichtlich stets Beziehungen zu den einquartierten Offizieren, die er auf seinem Hof in Oldendorf auch bewirtete. Er nennt u.a. am 18. Dezember 1630 den Grafen Anton Günther von Oldenburg, am 24. Februar 1633 die Obersten Freiherr Bertram Adolf von Quadt und Johann von der Horst. In den Jahren 1632 und 1633 waren mehrmals Regimenter, wie das „Westphalische Regiment“ des Grafen Heinrich Leo von Westphalen – 500 Soldaten und Reiter im Februar 1632 – in Oldendorf einquartiert, auch auf dem Münchhausen-Hof z. B. am 17. Mai 1632 das Regiment Schultheiss.

Im März 1633 begann Herzog Georg zu Braunschweig-Lüneburg (1582-1641) damit, die Stadt und Festung Hameln zu belagern. Am 2. März kam der Herzog auf den Münchhausen-Hof, am 3. und 10. März predigte der Lüneburgische Feldprediger im Herrenhaus. Am 16. Mai verlegte der Herzog sein Feldlager nach Gut Stau. Am „Freitag nach Johannis Tauffers Tag“, dem 28. Juni 1633, kam es zu der Schlacht bei Oldendorf. Die „Kaiserlichen“ wurden geschlagen und der Herzog nahm bis zum 2. Juli wieder Quartier auf dem Münchhausen-Hof.

Die Aufzeichnungen von Münchhausens zum Kriegsgeschehen setzen dann wieder 1637 ein und enden im Juni 1640. 1639 kam es mehrmals zu Überfällen auf Vieh, zu Pferdediebstählen und zur Einforderung von Geldern („Commandantengeldern“). Am 21. Januar 1639 suchten „diebische Soldaten vom Kloster her“ den Münchhausenschen Kuchenkeller heim. Am 11. Juni 1639 marschierte schwedisches Kriegsvolk in Oldendorf ein; Hans Christoph von Königsmarck, der Führer der Reiterei, nahm für eine Nacht Quartier auf Münchhausens Hof. Von Münchhausen verehrte „Kunigsmarck Koche, damit er mir kein Vi(e)he s(ch)lachtete, ein(en) Ducaten“.

Im Text zum Merianstich „Die Schlacht bei Oldendorf“ (s. Kap. 1) wird für das Jahr 1639 über Plünderungen durch „Kaiserliche“ berichtet. Dazu notierte Ludolf von Münchausen, dass am 23. September 1639 „Keyserische“ unter dem Obersten Kaspar von Ohr in Oldendorf eingefallen seien, alles ausgeraubt hätten, auch er hätte viel Schaden davongetragen. Sie wollten ihn sogar mitnehmen oder er solle 500 Taler geben. Die Soldaten trieben das gesamte Vieh aus Oldendorf. Schließlich ließ jedoch der Oberst von Ohr seinen Hofmeister als Schutzwache für Münchhausen zurück, welchem Münchhausens Frau zwei silberne Löffel verehrte. Dem Hofmeister war dieses nicht genug, so dass Münchhausens Frau noch zwei Goldgulden und einen

Taler dazu legen musste. Am 21. September 1640 stirbt Ludolf von Münchhausen in Oldendorf (s. Kap. 9). Im November 1647 war Oldendorf noch einmal zwei Wochen lang Hauptquartier des schwedischen Generals Carl Gustav Wrangel.

Zur Darstellung des Verlaufs der Schlacht bei Oldendorf wurden die ausführlichen Darstellungen von F. *Kölling* herangezogen. Zu Beginn des Jahres 1633 hatte der Herzog Georg von Braunschweig-Lüneburg, seit 1630 im Bündnis mit König Gustav Adolf von Schweden, in Norddeutschland ein neues Heer aufgestellt. Nach der Übernahme von Bielefeld, Herford und Lemgo gelangte der Herzog von Vlotho nach Rinteln und erzwang am 2. März den Weserübergang. Der bayerische General Jobst Maximilian von Gronsfeld, Nachfolger des großen Pappenheim (gefallen am 16. November 1632 bei Lützen) floh mit einem Teil seiner Truppen nach Hameln. Am 10. März traf der schwedische Feldmarschall Knyphausen in Oldendorf ein (s.o.). Die kaiserliche Besatzung von Hameln stand unter dem Kommando des Obristleutnants Schellhammer. Die Belagerung zog sich bis in den Frühsommer hinein. Inzwischen hatten sich kaiserliche Truppen unter dem General Gronsfeld und Grafen Johann von Merode in Westfalen vereinigt und erreichten am 26. Juni Minden – mit dem Ziel, „Hameln zu entsetzen“. Daraufhin führte Herzog Georg sein Heer dem Feinde entgegen; er formierte es entlang des Oldendorfer Knicks und sperrte so das Gelände zwischen Gebirge und Weser. An dieser Front stießen am frühen Morgen des 18. Juni 1633 die beiden Armeen aufeinander.

Auch F. *Kölling* geht in seiner Darstellung auf die eingangs genannte Rolle des Cord Meyer ein: Er zitiert v.d. Decken, den Biographen des Herzogs Georg von Braunschweig-Lüneburg: „Herzog Georg schickte den Rittmeister mit dem Angriffsbefehl zu Knyphausen. Cord Meyer führte die Reiterei durch schwierige Hohlwege, die die Reiter nur einzeln durchreiten konnten, den Schieferberg hinauf und trug damit entscheidend zum Siege bei.“ Kölling stellt fest, dass die Person Meyers im Heere des Herzogs urkundlich nachweisbar ist. Im Bückeburger Stadtachiv sind Akten vorhanden, in denen ein „Obristleutnat Anton Meyer ‚aus Segelhorst

Dodo Von Inhausen vnd Kniphausen, Herr Zü
Lützburg, Bergumb vnd Jennelt &c. Königlich: Maije,
stät vnd Cron Schwedenn General, Feltmarschall in denen
Nieder Saxisch: vnd westphalischem Kraißenn.

bürtig‘ am 24. März 1633 mit vier Dragonerkompanien Quartier in Bückeburg bezogen hat. Auf dem Hof Nr. 1 von Segelhorst war die Familie Meyer seit 1549 ansässig. Der Großvater mütterlicherseits, der Schäfer Wilkening aus Rodenberg, führte den Vornamen Cord.

Im Hinblick auf die Darstellung des Merianstiches (s. auch Kap. 1) sei an dieser Stelle die Beschreibung des Schlachtfeldes von F. *Kölling* zitiert:
„Das Gelände war in seiner natürlichen Beschaffenheit für die Abwehr des kaiserlichen Angriffes außerordentlich günstig. Der linke Flügel des Verteidigers stützte sich auf die mit Gräben, Wällen, Palisaden nd Mauern befestigte Stadt Oldendorf. Sie war beiderseits von moorigen Niederungen umgeben. Am Südrand entlang zog sich der 1616 abgedämmte Weserarm hin, der in seiner ganzen Breite noch sumpfig war. Am Nordrande dehnte sich das sog. ‚Schilf‘ aus, das ebenfalls noch moorig war. Ein Durchbruch der Kaiserlichen beiderseits der Stadt war völlig ausgeschlossen.
An das Schilf grenzt im Norden ein wallartiger, schroffer Hang von etwa 20 m Höhe, der Schieferberg genannt wird. Es ist der Unterrand des Sees, den die Weser in der Vorzeit bildete.
Das Plateau über dem Schieferberg steigt allmählich zu den Weserbergen an. Mehrere Bäche fließen von den Berghängen herab und bilden tiefe Mulden, die früher sumpfig waren.
Am Fuße des Mittelberges entspringen zwei Bäche, die sich halbwegs nach Oldendorf vereinigen. Der westliche durchfließt den Oldendorfer Knick und bildet nach der Aufnahme des östlichen Bachlaufes eine breite sumpfige Mulde. Der Oldendorfer Knick reichte früher bis zu dieser Bachgabelung.
Zwischen dem Knick und der östlichen Wasserrinne liegt die Hupenheide, die früher mit lichtem Eichenwald bestanden war und von der Stadt Oldendorf als Gemeindehude genutzt wurde.
Der Wald des Mittelberges reichte um 1600 erheblich weiter, bis etwa zur Mitte des heutigen Knickes, herunter. Bis an diese Waldränder reichten auf beiden Seiten die Flügel der Schlachtordnung.“

Der Artilleriekampf begann um 7 Uhr, gegen 9 Uhr stießen kaiserliche Vortruppen am Südrand des heutigen Knicks auf schwedische und hessische Fußtruppen und wurden „handgemein“. Erst gegen 12 Uhr erteilte der Herzog dem Feldmarschall von

REPRÆSENTATIO PVGNÆ
QVA ILL. LVNEBVRGENSIVM DVX
GEORGIVS GENERALIS SVECVS ET
Oldendorp ad Visurgim

Knyphausen den Befehl, mit seinen 3000 Reitern die Weserterasse nördlich von Oldendorf einzunehmen, was ihm auch nach anfänglichen Misserfolgen gelang. Die kaiserlichen Truppen dieses Flügels setzten zum Rückzug an, auch die kaiserliche Reiterei wurde vertrieben. Die kaiserliche Infanterie mit 6000 Mann auf dem Höhenrücken am Horstweg war nun von beiden Flügeln im Stich gelassen und wurde von den Reiterregimentern umzingelt, viele Soldaten wurden getötet, die Reste durch Rohden und Segelhorst bis unter die Schaumburg verfolgt. Am frühen Nachmittag war die Schlacht entschieden, fast die Hälfte der kaiserlichen Truppen gefallen. Es sollen 6 572 Gefallene allein unter der Schaumburg beerdigt worden sein. Herzog Georg von Braunschweig-Lüneburg dagegen soll nur 60 Tote zu verzeichnen gehabt haben. Außer dem moralischen Erfolg der Schlacht war jedoch nur der Fall der Festung Hameln am 8. Juli als „Frucht des Sieges" zu verzeichnen.

F. *Kölling* bezeichnet den Sieg bei Oldendorf als ersten Lichtblick seit Gustav Adolfs Tod. Zur Bedeutung der Schlacht schreibt er weiter: „Der Winterfeldzug vertrieb die Mönche. Die Schlacht als Höhepunkt und Abschluß des Feldzuges bewahrte die Schaumburger Bevölkerung vor der Gegenreformation. Das ist die historische Bedeutung der Schlacht für die Grafschaft Schaumburg."

Die Bewohner der Stadt hatten bereits seit der Belagerung von Hameln unter den Kriegsunruhen (s.o.) sehr zu leiden. Am Morgen der Schlacht versammelten sich die Oldendorfer unter ihrem Pastor *Steding* in der Kirche, wo sie für den Sieg der „protestantischen Sache" beteten. Nach der Schlacht wurden sie zur Bestattung der zahlreichen Gefallenen herangezogen. In der Stadt selbst mussten viele Verwundete gepflegt werden. Trotz einiger Schäden, z.B. an der „neuen Kirche" auf dem Friedhof vor dem Ostertor, wo 14 Fenster „ausgeflickt" werden mussten, oder in der Schule (s. folgendes Kapitel), wo Bänke und Katheder zerstört worden waren, blieb Oldendorf vor größeren Zerstörungen bewahrt.

11. Das Gymnasium und die Anfänge der Stadtschule

1407 wurde in einer im Pfarrarchiv St. Marien aufbewahrten Urkunde erstmals ein Lehrer der Stadt erwähnt. In dieser Urkunde, datiert auf den 3. November 1407, stifteten die Brüder Statius und Hermann Busche ein Legat – u.a. dem Magister (mester) und dem Küster (koster). Den Schülern (scholern) sollten daraus für vier Pfennige Wecken gegeben werden. (F. Kölling). Damit gehört die Oldendorfer Schule zu den ältesten Stadtschulen im Schaumburger Land. Zur Zeit des Merian-Stiches bestand die Stadt- oder Bürgerschule aus Rektor, Konrektor, Kantor, Organist und Küster, wovon Rektor und Konrektor junge Theologen waren, die in der Regel später eine frei werdende, finanziell lukrativere Pfarrstelle erhielten. 1577 bestimmte Metta von Holle u. a. die Zinsen von 400 Talern für arme Schüler, die Witwe von Mengersen stiftete 1616 zum Andenken ihres als Student in Köln verstorbenen Sohnes Hermann Christian ein Kapital von 1500 Talern (heute mehrere hundert Tausend DM wert). Von den Zinsen erhielten neben den beiden Pastoren der Rektor und der Kantor jährliche Zuwendungen – und es sollten 12 arme Bürgersöhne, „die es um Gottes Willen begehren, in der Schule von aller Unpflicht, Schulgeld, Lichtgeld und Kirchmessegeld frei (zu) sein“, mit 12 Taler sowie Kleidern und Schuhen unterstützt werden. Damit sollten begabte Knaben auch aus weniger begüterten Familien in die Lage versetzt werden, sich für einen Beruf und auf eine Tätigkeit im öffentlichen Leben vorzubereiten.

Die Schule wurde, abgesehen von diesen Stiftungen, ebenso wie die Wohnungen der Lehrer von der Stadt unterhalten. Die Schulaufsicht hatte der Pastor. 1617 war von der Stadt am Kirchplatz (heute 1 und 1a) ein Schulgebäude errichtet worden, bis 1617 erfolgte der Unterricht der Bürgersöhne in Räumen des Klosters Mariastede (s. Kap. 7). 1606 hatte Graf Ernst den Besitz des Klosters an die Stadt verkauft und darüber bestimmt, dass die Gebäude als Schule und für Wohnungen zu verwenden seien. Noch 1638 wird die Wohnung des Konrektors im ehemaligen Kloster erwähnt. Aus den Kämmereirechnungen der Stadt sind ab 1630 auch die Namen einzelner Lehrer überliefert.

Beispielsweise wird in einer Kämmereirechnung von 1635 darüber berichtet, dass der Konrektor *Pingeling* am 18. April seine Probelektion gehalten habe und dass bei dem sich daran anschließenden Empfang (Willkomm) im Ratskeller „zwei Tonnen Broyhan verzehrt" worden seien.

Weniger bekannt ist, dass es in Oldendorf für kurze Zeit auch ein Gymnasium gegeben hat. Die Funktion dieser Lateinschule bestand offensichtlich darin, begabte Schüler vor allem aus Adelskreisen auf das Studium an der Universität in Rinteln (1619-1810) vorzubereiten. Der Gründer der Academia Ernestina in Rinteln war Graf Ernst zu Holstein und Schaumburg (1569-1622). Als Gymnasium Illustre oder Gymnasium Academicum wurde die Hochschule zunächst in Stadthagen 1610 gegründet und nach der Erteilung des Universitätsprivilegs durch den Kurfürsten Friedrich V. von der Pfalz („Winterkönig" genannt), den Reichsvikar, 1619 nach Rinteln verlegt. Im selben Jahr erhob Kaiser Ferdinand II. den Grafen Ernst in den Reichsfürstenstand. 1621 erfolgte die feierliche Eröffnung der Academia Holsato-Schaumburgica in der Stadtkirche von Rinteln.

Im Hessischen Staatsarchiv in Marburg wird das Konzept eines Briefes vom Bürgermeister und vom Rat der Stadt Oldendorf aus dem Jahre 1634 an den Landgrafen von Hessen aufbewahrt, in dem von einem Gymnasium die Rede ist, das vor nunmehr sechs Jahren gegründet worden sei. Schon 1631 hatte der Rintelner Medizinprofessor Johann Peter Lotichius (1598-1669), 1624 Hofmedikus der Grafen Johann Ludwig von Hessen, seit 1629 Professor in Rinteln (ab 1639 in Marburg, 1644 Historiograph Kaiser Ferdinand III.), in einer Rede von einem Gymnasium berichtet, dass von der hochberühmten Familie Münchhausen (s. auch Kap. 9) in Oldendorf an der Weser eröffnet worden sei. (s. *Bei der Wieden*)

Weitere Belege für ein Gymnasium in Oldendorf sind urkundliche Angaben, dass Hermann von Mengersen zwei Söhne auf diese Schule geschickt habe und etliche Edelleute in Oldendorf und auf den umliegenden Ländereien das Gymnasium gestiftet hätten. (F. *Kölling*)

Der schaumburgische Adel hatte eigentlich schon eine Schule für seine Söhne, nämlich die Klosterschule in Möllenbeck. Sie aber war durch das Restitutionsedikt von 1629 gefährdet, nach dem die säkularisierten Einrichtungen wieder ihrer früheren (katholischen) Bestimmung (hier also als Kloster) übergeben werden sollten.

1630 ist als Direktor des Gymnasiums Christoph Basilius *Becker* nachweisbar. Im Oldendorfer Kirchenbuch wird er „Basilis Beccerus, Direktor Gymnasii Oldendorpiensis" genannt. Förderer des Unternehmens „Gymnasium" waren nach *Bei der Wieden* vor allem Ludolf von Münchhausens Schwester Magdalene von *Quitzow* (s. auch in Kap. 9) und seine Neffen Böries und Otto. Der Direktor und der Konrektor wurden von den Adeligen besoldet. F. *Kölling* bezeichnet die neue Einrichtung als einen „gymnasialen Aufbauzug", welcher der Stadtschule anscheinend angegliedert worden sei. Neben Direktor und Rektor werden im Kirchenbuch auch Conrektor, Subconrektor und Cantor genannt. Über den Direktor Becker sind auch einige biographische Daten bekannt: Er wurde 1592 in Stadtilm (Thüringen) geboren, besuchte in Rudolfstadt die Schule und studierte ab 1606 in Leipzig. Als Orte seines Wirkens sind Helmstedt (1622), Wolfenbüttel (Konrektor) und Dassel bei Einbeck (1627, 2. Pfarrer und Konrektor) nachweisbar. 1629 trift Becker als „kaiserlich gekrönter Dichter" in Oldendorf ein und erwirbt am 25. Juni 1630 an der Universität Rinteln den Magistergrad. Als Becker sich bereits 1631 wieder von Oldendorf verabschiedet, nennt er unter seinen Schülern der obersten Klasse u. a. Johann *Pingeling*, vielleicht der 1635 ernannte Konrektor (s.o.). Als Gründe für seinen Abschied nennt Becker Angriffe gegen seine Ehre und einen angeblichen Mangel an Gelehrsamkeit in der Schule. 1637 wurde Becker nach mehreren Zwischenstationen Hauptpastor in Kiel.

Sein Nachfolger wurde Martin *Strackerjan* (geb. 1607 in Hesseln in der Grafschaft Ravensberg), der in Rinteln studiert und 1630 den Magistergrad erworben hatte. Sein Lehrer war Christoph *Braun* (1587-1642), seit 1621 Professor der Metaphysik und Redekunst in Rinteln. Auch er machte Karriere, ging 1634 als Konrektor an das Ratsgymnasium in Osnabrück, übernahm 1637 das Gymnasium in Stade, wurde 1644 Hofprediger und Konsistorialrat in Delmenhorst und schließlich 1652 Superintendent der Grafschaft Oldenburg.

In Folge der Schlacht bei Oldendorf (Kap. 10) war die Grafschaft Schaumburg von der Besetzung durch Truppen der katholischen Liga befreit worden. Der Sieg der „Evangelischen“ führte auch zur Wiedereröffnung des Ratsgymnasiums in Osnabrück, an welches die Oldendorfer ihrer tüchtigen Direktor Strackerjan verloren. Damit war wohl auch das Ende des Oldendorfer Gymnasium gekommen, denn Strackerjan blieb ohne Nachfolger, die Lateinschule wurde nun von einem „gewöhnlichen“ Rektor geleitet. Das Gymnasium Oldendorpiensis hat wahrscheinlich nach 1634 nicht mehr in der ursprünglichen „gelehrten“ Form bestanden, auch wenn 1670 noch ein Konrektor dieser Schule genannt wird. Die Sponsoren hatten offensichlich ihre Förderung eingestellt und die Stadt konnte ein Gymnasium nicht finanzieren. Nach Brage *Bei der Wieden* währte die „Episode *Gymnasium in Oldendorf* (...) nicht länger als fünf Jahre“.

Literaturverzeichnis

1. *Baumgart*, Fritz (1977): DuMont's kleines Sachlexikon der Architektur, DuMont Bucherverlag Köln.
2. *Bei der Wieden*, Brage (1991): Das Oldendorfer Gymnasium (1629-1634), in: Oldendorfer Heimatblätter, Heft 6, C. Bösendahl Verlag, Rinteln.
3. *Bei der Wieden*, Brage (1992): Oldendorf im Dreißigjährigen Kriege. Nach Notizen des Ludolf von Münchhausen, in: Oldendorfer Heimatblätter, Heft 8, S. 46-55, zusammengest. von Gerhard Bruns, Bösendahl Verlag und Druckerei, Rinteln.
4. *Bei der Wieden*, Brage (1993): Außenwelt und Anschauungen Ludolf von Münchhausens (1570-1640), Verlag Hahnsche Buchhandlung Hannover.
5. *Bei der Wieden*, Helge (1994): Ein norddeutscher Renaissancefürst. Ernst zu Holstein-Schaumburg 1569-1622. Kulturlandschaft Schaumburg Band 1. Herausgeber Schaumburger Landschaft e.V., Verlag für Regionalgeschichte Bielefeld.
6. *Catalog* zu Ausstellungen Matthaeus Merian des Aelteren (1993). Frankfurt am Main.
7. *Großmann*, G. Ulrich (1988): Hannover und das südliche Niedersachsen. Geschichte, Kunst und Landschaft zwischen Harz und Weser, Braunschweig und Göttingen. DuMont Buchverlag Köln.
8. *Harmening*, Rolf (1988): Hessisch Oldendorf. Beiträge zur Stadtbaugeschichte. Herausgeber: Stadt Hessisch Oldendorf Der Stadtdirektor. C.W. Niemeyer-Druck, Hameln.
9. *Hessisch Oldendorf* 750 Jahre. Eine Festschrift mit Chronik, herausgegeben von der Stadtverwaltung zur 750-Jahr-Feier der Stadt Hessisch Oldendorf 1983.
10. *Kaemling*, Werner (1988): Atlas zur Geschichte Niedersachsens. 2. überarbeitete Auflage, Gerd J. Holtzmeyer Verlag Braunschweig.
11. *Kipp*, Heinrich (1995): Heimatbuch Dorf Schaumburg, Herausgeber Verkehrs- und Heimatverein Schaumburg e.V., Porta Westfalica (Coverden: S. 84-100).
12. *Kölling*, Friedrich (1956): Hess. Oldendorf. 700 Jahre Entwicklung einer niedersächsischen Kleinstadt. Schaumburger Heimathefte Heft 5, C. Bösendahl Druckerei und Verlag Rinteln.
13. *Kölling*, Friedrich (1956): 550 Jahre Stadtschule Hessisch Oldendorf. Sonderdruck aus den „Schaumburger Heimatblättern2, Beilage zur „Schaumburger Zeitung", Verlag C. Bösendahl, Rinteln.

14. *Kölling*, Friedrich (1959): Die Schlacht bei Hess. Oldendorf am 28.6.1633. Ein Beitrag zur Geschichte des Feldzuges in Niedersachsen im Jahre 1633. Schaumburger Heimathefte Heft 6, C. Bösendahl Druckerei und Verlag Rinteln.
15. *Kölling*, Friedrich und *Sindermann*, Edmund (1987): Die Schaumburg im Weserbergland – Wahrzeichen und Sinnbild einer Landschaft – 2. Veränderte Auflage, Verlag C. Bösendahl, Rinteln.
16. *Maack*, Walter (1964): Die Grafschaft Schaumburg. Eine Darstellung ihrer Geschichte, 2. Erweierte Auflage, C. Bösendahl Druckerei und Verlag, Rinteln.
17. *Merian*, Matthäus (1647/ Neuausgabe 1961): Topographia Westphaliae. Faksimile der Erstausgabe von 1647, 4. Auflage Johannes Stauda Verlag Kassel 1984.
18. *Münchhausen,* Börries Freiherr von (1934): Geschichten aus der Geschichte einer alten Geschlechts-Historie nacherzählt, Philipp Reclam jun. Leipzig.
19. *Pusen*, Hans (1970): Niedersachsen. Das Berg- und Hügelland im Süden. Landschaft – Geschichte – Kultur – Kunst; Glock und Lutz, Nürnberg.
20. *Schnath*, Georg et al. (1988): Geschichte des Landes Niedersachsen. Fünfte, aktualisierte Auflage, Verlag Ploetz Freiburg und Würzburg.
21. *Schwedt*, Georg (1990): Die Bibliothek des Ludolf von Münchhausen, in: Heimatblätter Hessisch Oldendorf Heft 5, S. 20-25.
22. *Schwedt*, Georg (1993): Historische Harzreise in Kupferstichen. Aus den Werken des Matthäus Merian, Piepersche Druckerei und Verlag GmbH, Clausthal-Zellerfeld.
23. *Schwedt*, Georg (1999): Auf Spurensuche in Seesens Vergangenheit. Was Kupferstiche des Matthäus Merian berichten, Libri Book on Demand, Norderstedt.
24. *Stecher*, Werner (1977): Die St. Marien-Kirche in Hess. Oldendorf. Ein Gang durch ihre Geschichte, anläßlich der 600-Jahr-Feier ihrer Fertigstellung am 4. Dezember 1977. Herausgeber: Ev.-luth. St. Marien-Kirchengemeinde Hess. Oldendorf, Druck Kreiskirchenamt Rinteln.